多闻多思　华林文丛

湛如　陈洪　主编

《周易》与人生智慧

陈　洪　著

商务印书馆
The Commercial Press
创于1897

2017年 · 北京

图书在版编目(CIP)数据

《周易》与人生智慧/陈洪著.—北京:商务印书馆,
2015(2017.2 重印)
(多闻多思 华林文丛)
ISBN 978 - 7 - 100 - 11456 - 1

Ⅰ.①周… Ⅱ.①陈… Ⅲ.①《周易》—研究
Ⅳ.①B221.5

中国版本图书馆 CIP 数据核字(2015)第 155152 号

多闻多思 华林文丛
《周易》与人生智慧
陈 洪 著

商 务 印 书 馆 出 版
(北京王府井大街36号 邮政编码100710)
商 务 印 书 馆 发 行
三河市尚艺印装有限公司印刷
ISBN 978 - 7 - 100 - 11456 - 1

2015 年 9 月第 1 版　　　开本 787×1092 1/32
2017 年 2 月北京第 2 次印刷　　印张 10 3/8
定价:48.00 元

总　序

转瞬间，由中国艺术研究院、横山书院联合主办的"多闻多思系列学术公益讲座"已经成功举办 170 余讲，该讲座围绕"史识·诗意·哲思"这三大主题，面向公众，形式公益，既有专题的讲授，亦有通俗的讲读，师道庄严，授业解惑。

横山书院自 2008 年创设以来，秉承传统，契合当代，办国学研修、佛学经典、史学、哲学等课程，影响日隆，因缘日盛，深受诸方赞叹，主办文化中国讲坛，鸿儒大德海会，硕学方家云集，论中华优秀传统之精华，经典永恒；谈中外文明交流之伟业，精彩纷呈。

近年来，对传统文化的学习与研究逐渐兴起，讨论儒释道思想精华精要，知行合一，解行并重。儒家的止于至善、道家的上善若水、佛教的众善奉行等核心思想，滋养了我们的精神生活。

同样，博大精深的中华优秀传统文化是我们在世界文化激荡中站稳脚跟的根基；深入挖掘和阐发中华优秀传统文化讲仁爱、重民本、守诚信、崇正义、尚和合、求大同的时代价值，是我们当仁不让的责任。

"多闻多思系列学术公益讲座"正是出于传播弘扬中华优秀传统文化中的哲学思想、人文精神、道德理念等这样一个目的，而"多闻多思　华林文丛"则是要将讲座中的精华部分集结成册，传播给更多的人。荀子曾说："不积跬步，无以至千里；不积小流，无以成江海。"该文丛计划出版共百册，目前所做的只是千里之行的第一步。

在"多闻多思　华林文丛"第一辑即将付梓之际，我们要向叶嘉莹先生、楼宇烈先生、汤一介先生、刘梦溪先生、范曾先生、陈鼓应先生、陈洪先生、莫言先生等百余位望重学林的先生们致以最崇高的敬意。先生们高风亮节、严谨治学的态度是公益讲座得以高质量完成的根本。

此外，感谢中国艺术研究院院长王文章先生、副院长贾磊磊先生长久以来对"多闻多思系列学术公益讲座"的关心与支持。希望中国艺术研究院与横山书院今后能够一如既往地合作将讲座办得更好。

本套书得以顺利出版，离不开中国出版集团党组书记王涛先生、商务印书馆总经理于殿利先生的帮助以及责任编辑张文华老师的辛苦付出，在此一并表示感谢。

湛　如

乙未孟夏记于剑桥

自　序

　　我与《周易》的关系，发端于"文化大革命"中上山下乡之时。当时在一个亲戚家见到一本缺头少尾的《周易正义》——现在回想起来应是民国初的刊本。对方千叮咛万嘱咐很勉强地借给我，因为有双重违禁的嫌疑："四旧"，还沾了"封建迷信"。不过，翻了几页并没有引起太大的兴趣，很快就"完璧"归还了。

　　真正以学术的态度阅读、学习，乃至于研究，那是到了读研究生的时候。我的硕士专业为"中国文学批评史"，导师是王达津先生。王先生于20世纪三四十年代先后负笈于武汉大学与西南联合大学，曾师从于易学大家高亨先生，又曾在著名文字学家唐兰先生指导下精研《周易》的注疏，另一位研究《周易》的大学者闻一多先生则是王先生毕业论文答辩的"座师"。因此，王先生于易学"转益多师"自成一家，有很多独到的见解。他把贯通文史作为对研究生的基本要求，开列的书单让人望而生畏。其中大半是自己阅读，但《周易》是指导性阅读，并开展讨论的。这在王先生强调"自学/领悟"的培养体系中，是比较特殊的。现在想起来，恩师是充分估计到《周易》学习的困难了。

三年的学业，转瞬之间。先生的很多"绝学"都未曾得窥堂奥，幸而《周易》得蒙亲炙，为以后的教学与科研打下了比较扎实的基础。明年是王达津先生的百年诞辰。时光荏苒，不觉间先生墓木已拱。每想起三十七年前师生促膝言笑晏晏的情景，总难免时光倒流的渴想痴念。

七年前，湛如法师承赵朴初老师之宏愿，以慈悲心办文教，于横山书院举办公益文化讲座。蒙大德不弃，有机会和各界向学同仁多次切磋，《周易》特其中一题耳。本为讲稿，无心付梓，然整个讲座文稿有统一刊出的计划，也只好从众。由于听众并非专业人士，故此稿乃文化普及读物。知我罪我，尚祈以此为准绳。

"'落木千山天远大'，'出门一笑大江横'。"横山书院揭幕典礼时，我曾集前贤诗句为贺。七年过去，回首来路，水阔天远，庶几未负初衷矣。

陈　洪
乙未人日于南开园

凡　例

1. 整套丛书均为横山书院"多闻多思系列学术公益讲座"的演讲稿，故本书也基本保持讲稿形式，唯个别地方稍加整饬。

2. 本讲稿从文化传承、文化影响角度向非专业人士介绍《周易》，故持经传一体的阐释立场。"十翼"中确有曲解卦象、误读经文之处，但两千余年间是作为权威性经典被接受被传播，已经成为传统文化的重要组成部分，自有其思想文化价值。囿于接受对象及演讲体例，经传乖违之处大多不再一一加以分说。

3. 附录部分，有《周易》原文，其中《彖辞》《象辞》与《文言》做了白话的随文释义，便于翻检阅读。

4. 白话翻译，以"意译"为主，力求通顺易解，而不斤斤于校勘、训诂的"家法"。

5. 附录中的"《周易》筮法折中"是供有兴趣的朋友参考。"筮法"自古歧义多多。汉儒援天干、地支、五行诸元素入《周易》，大失本义，故不具论。朱熹虽多有发明，亦未能说服论敌（如郭雍）。此"《周易》筮法折中"以当年受教于达老者为主，间有些微己见。因属参考，不再一一说明。

6. 附录对"易学"几个问题的说明，囿于体例，只能点到为止。涉及的问题，在正文中标以 *。

7. 附录的几篇旧文，都与对待传统文化的态度、研读文化经典的方法有关。当年谈及的问题，迄今仍或存在。不揣浅陋附录于此，以期同道之间切磋琢磨而已。

目　录

导　论

　　很高兴今天能和横山书院的各位朋友一起来讨论这么一个很有趣味的话题——"《周易》与人生智慧"。《周易》是一本什么书呢？我这里有一个最基本的概括，《周易》就是"一部指导趋吉避凶的宝典"。这部书涉及的核心问题就是人生的"吉"与"凶"。一方面它综合人生的经验教训与社会的兴衰治乱，告诉你其中的规律性的道理；一方面它又在具体行动的层面加以"技术性"指导。我们当然希望自己和亲朋好友一生都大吉大利，而且逢凶化吉，所以不可不读一读《周易》。读《周易》有三种态度。一种是专家的态度。那就是穷究"真相"的态度，利用考古学、人类学、音韵学、训诂学等十八般兵器，力图还原和《周易》有关的方方面面的历史"真相"——也包括阐释方面的"真相"。这种态度很值得尊敬，也做出了不少成绩。但有时钻牛角尖，也有把问题越弄越混乱的时候。这些和我们一般读者关系就不太大了。还有一种是江湖术士的态度。这在路边书摊上常常可以看到，什么《周易与风水》呀、《易经预测实例》呀，甚至还有《情色六十四卦》一类的东西。这当然都是些依草附木的妖魔，各位是不会上当的。是不是啊？什么？也有上过当的？好，听了今天的课，咱们就有了慧眼，今后不会上当了。第三种呢，就是把《周易》当作优秀传统文化来认识，发掘其中的智慧元素——包括道理层面的，也包括思想方法层面的。我们今天就是这样的思路。

在开讲之前，我们要先澄清两个问题，是属于方法论意义上的立足点问题。第一个是如何对待那些专门性研究成果问题。例如帛书引发的卦序、异文争议，又如《易传》作者的思想流派问题等。这些研究无疑是很有学术价值的。如果和我们讲的有关联，我会有所提及，但也不会详述。有些会在课后的参考材料中适当列出。第二个是如何对待传统"易学"与现代"易学"的分歧问题，特别是如何看待《易传》，以及如何对待《易传》对于《易经》的诠释。这个问题相当复杂，不是三言两语可以讲清楚的。在这里，我只是阐明基本的立场：从考古的角度讲，《易传》肯定有大量"误读"的成分。辨析其中是非，正是专家的任务。从文化传承的角度，《易传》在两千余年中早已"经典化"，并与被"误读"的《易经》一道成为中华传统思想文化的重要组成部分。今天，我在这里基本是依"传"解"经"，"经""传"一体，不再一一分说古今学术的歧异。

立场交代明白，咱们就进入正题。首先是这部书的作者问题，或者说《周易》是怎么产生的。这也是个学术界聚讼纷纭的话题。我们这里只是介绍传统的一般性的说法。

关于《周易》这本书从哪里来的，有一个很有名的历史故事，概括叫作"文王拘而演《周易》"。这句话是司马迁讲的，是《报任安书》里面的。人们通常把这句话当作励志的座右铭——人在困境当中怎么能够不低头、不弯腰，反而有所成就，这是最典型的例子。大家看，画面上这个老者就是周文王，但是此刻他不称"周文王"，此刻他是一个诸侯的首领，通常叫作"西伯侯"。他的名字叫姬昌。他被商纣王拘禁在羑里，就是现在河南安阳汤阴附近的地方，拘禁了好长时间（据说有七八年之久）。那么，这么一个聪明才智之人，对于他的部落充满了责任心的人，在这样的一个处境之下，他总要做点儿事情吧，于是就有了《周易》。大家看这段话：

文王拘而演《周易》

作《易》者，其有忧患乎？

《易》之兴也，其当殷之末世，周之盛德邪？当文王
与纣之事邪？是故其辞危。危者使平，易者使倾，其道
甚大。

这就是《易传》里的话。过去讲，是孔子说的，究竟是
不是，对于我们无关紧要，它的价值在于非常精炼地概括出
了《周易》是怎么来的，以及其核心的精神气质。这段话的大
意是：作《周易》的人，是在深重的忧患意识之中进行创作
的。什么时候呢？那是商朝走向衰亡、周朝开始兴起的时候。
《周易》是在周文王与商纣王的矛盾冲突中产生的。所以，全
书充满了一种危机忧患意识。而这种意识是要从忧患中指导人
们走出困境，是"危者使平"，也就是化险为夷。"平"就是
"夷"。但是如果反其道而行，那就要"易者使倾"。你很骄
傲，你很自满，你充满了一种傲慢的态度来对待社会和人生，
你就会倾覆。所以说，"其道甚大"。

关于作者的问题，我们后面还要讲得细一点。现在暂且放
一放。现在再来看《易传》中另一段话，和上面这段有些关联：

圣人设卦观象，系辞焉而明吉凶，刚柔相推而生变
化。是故吉凶者，失得之象也；悔吝者，忧虞之象也；
变化者，进退之象也……是故君子居则观其象而玩其辞，
动则观其变而玩其占，是以自天祐之，吉无不利。

4

这段话讲的是《周易》的基本构成，以及功能、使用的基本方法。

这段话可以分三层来理解。

第一层，包括前三句，讲的是《易》（这里指的是"经"的部分）的三个组成部分，一句一部分。"圣人设卦观象，系辞焉而明吉凶，刚柔相推而生变化。"第一部分，设卦观象，就是"卦象"。这部分就是上面说的周文王完成的作品。"圣人"指的就是周文王。这部书的基本骨架不是文字，而是所谓"卦象"——"卦象"是什么，咱们后面再说。以"卦象"为书的骨架，这是《周易》这本书和其他书籍都不一样的地方。第二部分呢，"系辞焉而明吉凶"。这个"辞"就是文字了。有了骨架，再把文字附着到骨架——"卦象"上。"系"带有附着的意思。"辞"和"卦象"二者结合起来揭示出吉凶的道理。第三部分，"刚柔相推而生变化"。这句什么意思呢？前面有了"象"有了"辞"，但它还是一个静止的体系。而《周易》的特点是可以动起来的。当它指导你具体行动的时候，它要动起来变成一个开放的体系，这叫"刚柔相推而生变化"。"刚柔"在这里就是"阴阳"的意思，指构成《周易》的最基本元素。在一套复杂的数字推演中产生千变万化。这是《周易》的第三部分：动态。

第二层，讲体例。"吉凶者，失得之象也；悔吝者，忧虞之象也；变化者，进退之象也。"这是举例。"吉""凶""悔""吝"都是《周易》中状态的判断词。这类判断词不止于这四个，这里是举例。"进退"，指的是阴阳的消长——此消彼长，便产生了变化。

第三层，讲运用。分两种情况来说。一种情况是平居无事的时候，"观象玩辞"。"玩"可不是玩耍，而是研讨、反复体会。"观象玩辞"，就是说深入体会卦象与经文中的哲理。另一种情况，讲的是"动"。这个"动"包含着两个意思，一个是主体方面，指你要有所行动的时候；一个是《周易》因应而"动"。于是，行动主体玩味、体察占卜结果，从中得到指导。

提　纲

上面算是一个"帽儿"，下面介绍今天讲座的提纲。

我们今天分五部分来讲。

第一部分，非常简单地介绍一下《周易》之价值。《周易》是"人类文明史上的重要典籍"。注意我这个定语：我不是说"中国国学上"，而是说"人类文明史上"。一般的关于《周易》的书，很少有我这么写的。至于何以见得呢？一会儿，听我来讲。

第二部分，是《周易》的内容介绍，也可以说是"《周易》导读"。我的这个"导读"分为两部分。这不是故弄玄虚，而是有两个原因。一个是前面所讲，《周易》自身就把"设卦观象"和"系辞焉"分为两阶段、两部分。另一个是从学习效果着想，分开理解，思路会更清晰些。这前一部分的内容简介，我的标题是"一部以'符号组合'为骨架的奇书"。这样来做概括，我似乎也有发明权。注意，我说它是一部"奇书"，就是和别的书不一样，很奇特。哪儿不一样呢？就是它的全书的大框架不是由文字来构成的。书籍的主体不是文字，这样的书太少了，除了传说当中的无字天书，或是小孩子看的连环画、卡通。无字天书是传说，连环画的本质是绘画、美术。《周易》却是要讲道理的，而且是深刻、玄妙的道理，没有文字怎么行呢？当然，《周易》是有文字的。但是它的大框架却不是文字，是什么呢？是"符号组合"。严格地说，文字也是一种符号。但通常我们说"符号"，指的是文字之外。《周易》就是以这样的非文字的一种符号做全书的主体，把它们以严整的逻辑关系组合起来作为全书的大框架。这就是前面所说的"卦"和"象"，"卦""象"含有图像的意思，指的就是这个符号组合。至于什么符号，如何组合，组合之后的含义，一会儿细说。

第三部分，还是内容简介，除介绍它的符号大框架之外，还有附着在符号上的神秘文字。这些文字是附着在符号上来说明符号的，所以叫"系辞"（这里说明一句：《周易》的"系辞"有两种不同的用法，一种是广义的，指"系于象的辞"；一种是狭义的，专指《易传》中的两篇文字。这里用的是前一种）。朋友们平时也有自学《周易》的，有点儿兴趣，买来看了看，不仅那些卦象、符号不容易搞明白，就是这些文字，往往也是如堕五里雾中。即使对照着注释，字句是明白了，意义是什么，拿平常的思维逻辑就想不通了。所以我在这里说"神秘文字"。这部分，不光是要告诉大家《周易》有些什么文字，更重要的是给大家一把钥匙，你拿了这把钥匙，回去再来读这些文字，就容易进门了。

讲座的第四部分，是我们今天的重点，就是题目中标明的"《周易》中的人生智慧"。智慧当然有很多方面，《周易》中的智慧也可以有多角度的理解。我们今天只是其中一个方面，一个角度，不过是最重要的方面，最体现《周易》思想特色的角度。这就是如何追求平衡，从而趋吉避凶。平衡对于人生，对于工作，对于社会与国家，都有着极其重要的意义。我们的人生，我们的工作，乃至我们个人的身体，出毛病的时候，都是出现了失衡。《周易》就是告诉你怎么避免失衡，怎么追求平衡。而追求平衡便可以趋吉避凶。

第五部分，也是最后一部分，是极为简单地谈一谈占卜。大家都知道，《周易》具有双重性，除了上述人生智慧之外，还有另一面，就是卜筮文化。这一面当然不是我们讲座的重点，但是我们也要介绍一下，使大家有一点基本的知识。

价　值

好了，现在正式进入我们的题目。

第一部分，价值。各位注意到我的 PPT 没有？"《周易》是中华文明史上最重要的一部典籍"。有的朋友就要质疑了："你刚才还说是'人类文明史'，怎么一转眼就缩小范围了？"别着急，咱们是分层次来说的。先说《周易》在中华文明史上的地位和价值。我在这里说它是"最重要的"，何以说"最"重要呢？我列出了四方面理由，大家看够还是不够？

第一方面，历史悠久，非常古老。《周易》的主体部分形成于三千年之前，三千年之前形成一部完整的著作，这是很了不起的。这在我们这个具有悠久文明的民族，也是仅有的。当然，最老并不能说一定是最重要，这中间还不能画等号。所以还要看后面的理由。

第二方面，《周易》不但是最古老的，它的作者还具有高度权威性——至少在两千多年的时间里，在华夏文明的系统中，这种权威性是无与伦比的。《周易》作者的权威性能到什么程度呢？古人用一个句子来概括，叫"人更四圣"。"人更

10

四圣"就是说由四个"圣人"级别的作者，先后接续（像跑接力一样，呵呵），集体合作完成了这部书。哪四个圣人呢？第一个，是所谓"华夏文明初祖"的伏羲；第二个就是刚才说的文王姬昌；第三个，姬昌的儿子周公。现在人们对"周公"这个词印象都比较淡漠了，实际在古代周公的地位是很高的，孔子就自认为是周公的超级粉丝。孔子说他每天晚上做梦都会梦见周公。而当孔子老了精力衰退时，有那么几天没梦见，就深切感慨："哎呀，我太衰老了，好几天做梦没梦见周公了。"孔子一生的政治抱负就是实现周公制定的礼乐制度。古人认为，后世的社会制度都是由周公奠定的基础。周公就是这样的地位，所以在古代被视为大圣人。第四个圣人是孔子，他的工作是阐发前三位的思想。这四个圣人来联合完成一部书，那我国古代任何其他书的作者都没法比得了。

第三方面，就是《周易》传播之后的影响与效果。我们知道，在两千多年的封建时代，中国的思想文化中居于主流位置的意识形态化的著作是"四书五经"。"四书"是后起的，是到南宋的中后期才合到一起；而作为官方认可的指导性的一组经典，则是从元代才开始。"五经"却是从汉代就开始成为主流经典。而"五经"的第一部就是《周易》（这是古文学派的主张，但也是长期流行的主张），可见其影响巨大。后面我列出的这个词句——"韦编三绝"，是什么意思呢？这是个小典故，但传播很广，可以集中反映古代对《周易》的尊崇。过去的书都刻在竹简上，竹简拿牛皮带子串起来，一本书要好几大捆。这牛皮带子就叫"韦编"。"韦编三绝"讲的是，《周易》在文王和周公手里基本成型后，过了五百多年传到孔子手中。孔子非常喜欢这部书，说："我现在最大的愿望是老天让我多活几年，我就能好好地钻研钻研《周易》了。"结果呢，他钻研《周易》到什么程度？按照《史记》的记载，就是"韦编三绝"。也就是说，孔子钻研《周易》，反复阅读，一遍又一遍，竟然把串竹简的牛皮带子看断了三次。这说明什么呢？第一，《周易》太艰深了，如果像白开水能一眼看到底，他用不着翻过来掉过去地看了。第二，他太重视这部书了。这个故事流传甚广。"圣人都这么重视呀"，这对一般人影响很大。

　　第四方面，"易道广大，无所不包"。这句话是清朝乾隆年间，整个中国古代社会走到晚期的时候，编纂《四库全书》的纪晓岚给《四库全书》写《总目提要》时说的。为什么要引这句话呢？有两层意思。第一层意思，社会发展经过了两千多年，人们对于《周易》的重视依然如故。第二层意思，经过两千多年的实践，纪晓岚看到，《周易》覆盖的面太宽了。覆盖有多宽呢？他说是："易道广大，无所不包。旁及天文、地理、乐律、兵法、韵学、算术，以逮方外之炉火，皆可援《易》以为说。"在今天看来，它对中国古代的儒家、道家、玄学，乃至道教、佛教，都有思想理论方面的影响；特别是在儒家的后期——理学阶段，其影响尤其深刻。再广一些看，文学、美学，甚至医学、化学等，都有《周易》影响的痕迹。由于时间的关系我们不能展开。如果展开，这个题目至少就要讲一天。我们在这里举两个小例子。

一个小例子，上面纪晓岚说"方外之炉火"，其实和我所说的"道教"所指相同——"方外"指宗教，"炉火"指炼丹。道教的一个特点是讲炼丹，内丹与外丹。不过炼丹既是道教的内容，又是中国古代化学的开端——这里专指外丹。道教有一部指导炼丹的著作叫《周易参同契》，它是道教的重要经典，既是内丹的重要指导书，又是一部内容涉及外丹从而与化学史相关的著作。而我们看看书名就知道它跟《周易》有关了。再举个文学方面的例子，中国古代最有名的文学理论著作《文心雕龙》。你去看《文心雕龙》那些注释，特别是开头五篇纲领部分，将近一半都是"出于《周易》某处"云云。所以说，《周易》的影响面之广，中国古代没有哪部书能够相比。

接下来，我们把眼界再拓宽一下，拓宽到世界范围。我说的是"《周易》在世界范围内也有相当的影响"。注意，我这儿是有分寸的。我说在中华文明史上它"最重要"，又说"在世界范围内也有'相当的'影响"。咱们也举几个小例子来看。

第一个例子，莱布尼茨的二进位制。莱布尼茨是17世纪德国的伟大数学家、哲学家。他提出的二进位制是今天无所不在的数码技术的理论基础。莱布尼茨是最早接触中华文化的欧洲人之一。他从到过中国的传教士那里接触到中国文化，包括《周易》和八卦的系统知识。在莱布尼茨眼中，"阴"与"阳"基本上就是他的二进位制的中国版。他曾在文章和书信中多次谈到过这一点。另外，莱布尼茨对于符号逻辑、符号运算都有浓厚的兴趣。这在基本原理上与《周易》也是相同的。《周易》这么一部古老的著作，它蕴含的智慧的种子，到了近现代这么发达的科技领域，还能显示出活力。一个三千年前的思想系统和当代最活跃的科技领域产生沟通、互动，这实在是很神奇的事情。

第二个例子是一件非常小的事情，但小事很有趣。"继宫明仁"，这是我们一个邻国的国家首脑的名字，就是通常说的"明仁天皇"。我们知道他前面那个天皇叫"裕仁天皇"。全称是"迪宫裕仁"。这些天皇怎么都叫什么"仁"呢？这是他们的一个惯例。不管是哪一个，都是什么"宫"、什么"仁"。"宫"是号，"仁"是名，连起来是全称。所以每位天皇名号的区别在第一个字和第三个字。这个天皇的名号连起来叫什么呢？叫"继明"。"继明"是从哪出来的呢？《周易·离》卦的象辞："大人以继明照于四方。"这说明什么？说明在东亚文化圈里，《周易》受到人们普遍的尊崇。皇室起名字，总不能到通俗小说里去找，一定是到一个他们认为很崇高的经典性著作里找。

第三个例子和前面的意义相近。大家看这个图，是我们另一个邻国韩国的国旗。这个图案，特别是四个角的图案，从哪来的？很明显，是和《周易》有密切的关系。

这几个小例子，说明《周易》的影响已经跨出国界，所以说"在世界范围内也有相当的影响"。

卦象介绍

下面我们进入讲座的第二部分，"《周易》是一部什么书"，也就是对《周易》内容的介绍和说明。

在这部分里，介绍的是《周易》的大框架问题，也是这部书最为独特的地方。我把这个大框架形容为"神秘而完美的'符号／数字'宫殿"。这是个比喻。宫殿嘛，就是说很宏伟、很大，又很严整、很漂亮。这么一个又宏大又漂亮的框架，是由什么搭建起来的呢？基本的建筑材料就是一种"符号"（非文字的符号），而"符号"之间有严谨的数学关系。所以说"'符号／数字'宫殿"。下面我们做具体介绍。

《周易》最基本的符号，叫阳爻和阴爻。"爻"，在这里就是符号的意思。一个长道，"■■■"，就是阳爻。中间断开为两个短道，"■■■"，就是阴爻。这样的阴阳符号从哪来的？为什么是这个样子？怎样理解这种极为抽象的"阴阳思维"？这都是学术性很强的话题，学术界意见也并不一致。我们介绍一下比较有影响的看法。

我们想一想，初民时期，我们的老祖宗，五千年前，一万

15

年前，当他们还是心智初开的时候，他们来认识周围的世界，只能是具体的。那边跑来一只老虎，就是一只老虎；这儿有一棵树，就是有一棵树。随着智力的开发、提升，他对周围世界的认识逐渐有了归纳，归纳之后就会有抽象。虎、豹、豺、狼，归纳之后就会有猛兽的概念，再进一步，就会有凶猛、残暴一类的抽象认识。"阴阳"实际就是高度概括之后的一种抽象，是一种最大的分类。把世界万事万物分成两大类，以两个符号来表示，就是阴阳（当然，在心智进化史上，不会是这么清晰的、线性的过程。但大端当如此）。至于这个基本思路从哪儿来的，为什么是这样的两个符号，学术界有各种解释，大约有七八种之多。这里我们不一一介绍了。咱们看看《周易》本身是怎样讲的：

> 古者包牺氏之王天下也，仰则观象于天，俯则观法于地，观鸟兽之文，与地之宜，近取诸身，远取诸物，于是始作八卦，以通神明之德，以类万物之情。

这是《易系辞》里的一段话，传统说法认为是孔子讲的，说的是《周易》起源阶段，包牺氏——就是前面讲到的"伏羲"——所做的贡献。大意讲，八卦是伏羲创造的，是伏羲观察生存环境，首先是"天"和"地"，这个最大最基本的环境。其次是观察自身。这既有传说的性质，也有合理的"内核"。依照这一思路解释"阴爻"与"阳爻"（八卦的基础）

的产生与形状，是比较有说服力的。具体讲，就是古人在"仰则观象于天，俯则观法于地"之后（这当然是一个漫长的过程），把"天"抽象表达为"■■■"。"天似穹庐，笼盖四野"，它是一个完整的囫囵个儿的，所以表示为一个长道儿。把地抽象表达为"■■ ■■"。凡人生存的地方都有水有陆地，水陆两分。海边也是，湖边也是，河边也是，小溪流边也是，大地是水陆两分，所以表示为中间分开的两个短道儿。

这是解释阴爻、阳爻的一个比较有影响的大思路。还有一个思路更有影响，说是人们观察环境固然很重要，观察自身更直接、更重要。恰好《周易》里也有一句话，是"近取诸身"，也就是观察自己，从中得到启发。什么启发呢？就是不管哪个部落，不管是高一点儿、矮一点儿、文一点儿、野一点儿、黑一点儿、白一点儿的人，只要是人，就可以分成两大类。哪两大类？很简单，男人和女人嘛。而且在人类的原始阶段，生殖崇拜是普遍的——遗风到现在仍然存在。所以这俩符号就是对男性和女性的一种代指。

现在出来了两种说法，那 ■■■ 和 ■■ ■■ 究竟是指天地还是指男女呢？我想这个其实是并行不悖的，既指天地，又指男女。因为这个形成过程，不是一蹴而就，而是在漫长的过程中，不同的思路汇合到一起，丰富了内涵，是很自然的。更何况，在《周易》的意义系统里，这个阴和阳以及由阴和阳滋生出来的乾卦与坤卦，最基本的含义也是同时分别指向天地和男女。

17

好了，■■和■■的来历讲清楚了。上面讲过，这是最基本的符号，等于说我们建立宫殿最基本的建材——水泥和沙石料。这一对符号是老祖宗认识世界过程中逐步形成的抽象能力的产物。高度抽象是个进步，但抽象得太"高度"了也有问题。阴和阳两个符号，也是有点儿太抽象了。世界的万事万物很复杂，差别很大，怎么能只拿这两个高度抽象的东西来指代那么多的具体事物、变化呢？那就要把符号搞得再复杂一些嘛。这肯定也是经过一个长期的摸索过程，而大的思路就是把基本符号进行组合。假如在两个位置上排列会怎么样？两两摆一摆，大家看，阳阳，阴阴，阴阳，阳阴，经过不知多少次的操作试演，我们的老祖宗就发现，两个符号在两个位置上的排列，不管你怎么弄，就是这四种情况，绝对出不来第五种，也不可能止于三种。这个探索过程就被称作"两仪生四象"。阴阳就是"两仪"（即 ■■、■■），两个位置上的组合有四种情况就叫"四象"（即 ■■、■■、■■、■■）。有了四个小的符号组，指代事物的能力有所提高，但还不太够。怎么办呢？按照这个思路，我们继续探索，再试一试。两个符号，在三个位置上排列又会如何呢？试来试去，发现怎么排也是八种。它不可能变出第九种，也不会少于八，变成六或七种。这个情况，要是我们现在当然很容易，大家在中学学过排列组合，公式一套就出来了。那个时候可没有这样的数学工具，所以只能是一种经验性的探索。待到结果出来，这八个符号组，每个不大不小，既保持了较高的抽象水平，又具有较强的指代能力，而八个连在一起，还有逻辑清晰的演变关系，我们的祖先们一定觉得很神秘。于是，就把它神异化了。"这是谁弄出来的呢？""只能说是上天的启示吧。""上天的启示，我们怎么知道的呀？"这样就归功到一个传说中半人半神的形象——伏羲头上了。前面我们说"人更四圣"，其实就是从这个传说算起。传说中，伏羲有一次在黄河边上或者说是洛水边看着苍天，看着绿野，在思考宇宙的奥秘、人生的道理。忽然波滚浪翻，黄河水底浮出一个巨大的灵龟。伏羲发现这个巨龟背部的花纹非同一般，整齐有序，赶忙记录下来，就是这个"八卦图"。其实，这个符号组合的发现，这八个组合的排列，都是在一个漫长的历史阶段里逐渐摸索出来的。伏羲，在这里只是一个典型的"箭垛式"人物。

这个八卦图我们平日里也时常见到——道观中、戏曲舞台上、旅游景点，等等。但是大家见是见了，恐怕大多数人都有"分不清，认不出"的问题。也就是，看不出每个的特点，不知道各自的意义。这也实在难怪。这八个符号组长得太像了，确实不大好分。现在，我教给大家一个非常简单的办法来认识它们。这里有一个小小的口诀，以各位的智商，一分钟就可以记住了。你记住了以后再来看八卦，你就知道它是谁，它有什么意思了。更重要的

是，对于学习《周易》来说，认识八卦是个初级阶段，也是个基础，由这个基础，才进一步演化出了《周易》。有了这个基础，再来理解《周易》就容易了。这个小口诀是：

　　　乾三连，坤六断，离中虚，坎中满，震仰盂，艮覆碗，兑上缺，巽下陷。

大家注意看，"乾三连"，最下边这个符号组叫"乾"，是三个连在一起的。它的基本象征义是天。八卦的每一个都有自己的基本象征义，然后有派生的象征义。这个"乾"的派生象征义有若干，主要的举出四个：首先，象征男性——三个都是阳爻嘛。第二个象征义，象征父亲。第三个呢，象征君主。这都是连带着的。再延伸一下，第四个，在生物界，它象征龙。总而言之，在上古，这些都是相对崇高的。

"坤六断"。"坤"跟"乾"是对着的，在图的最上边，由于都是中间断开，便成了六个短道儿，就是"坤六断"。它的样式、位置都与"乾"是反着的，象征义也是和"乾"对着、反着。首先，"坤"是象征大地的；然后，可以象征女性，象征母亲，象征臣下；生物界呢，象征马。"龙马精神"，龙与马相连，这与乾坤相连有对应意味。

我们接着看"离中虚，坎中满"。大家看，在你们的右侧，中间是空的，这是"离"。这个很好记，各位有生活经验的明白，点火时——火炉呀、篝火呀，有个说法是"人心要实，火心要空"。对不对？柴火弄实了，缺氧就着不起来了，正符合"离中虚"。对面那个符号组是"坎"。"坎中满"。这也好记。这个"坎"，你把它竖过来看，就像象形文字的"水"，它就象征水。

乾、坤、坎、离，这四个符号组，就在我们邻国韩国的国旗上，四个角，就这四个符号。

好，再往下说。"震仰盂，艮覆碗。"在这个右上角，像一个口朝上的钵盂。钵盂，就是和尚托的那个碗一样的容器。沿门托钵嘛。对，就是法海拿的那个东西。口朝上的小碗、小钵盂，这叫"震"，象征雷。"艮覆碗"，倒过来了，就在左上角，把"震"扣过来了，也就是说，扣着的小碗叫"艮"。它象征山。

"兑上缺"，在左下角。这个符号组，上边有个小缺口，象征湖泊、沼泽、湿地，跟水有关系的。"巽下陷"，在右下角，是底下有个小缺口的，象征风。《西游记》常有"那大圣向巽地上吸了一口气，喷将出去，霎时间狂风大作"一类描写，所谓"巽地生风"，就是从这里来的。

这就是八卦——八个符号组的名称和它们主要的象征义。

讲到这儿，我们所说的《周易》这座"符号宫殿"构成的"预制件"都有了，下边要进行建筑了。

回顾一下前面的思路，两个基本符号在两个位置排列就有四种情况，在三个位置排列就有八种情况，这八种情况，每一种情况实际上是由三个符号组成的一个小符号组。再往下如何？那就是前面提到的周文王做的工作了，也就是由八卦到六十四卦的推演。这个推演是个什么过程呢？前边由阴阳两个符号发展到了八卦，这是由单一符号到符号组。周文王并不是简单地再来试四个位置、五个位置，未免太笨拙了。这八个符号组既然都有了自己的象征义，他就把这些符号组两两组合，并结合着自然界、社会、人生的道理，附着到新的组合上。例如"乾"组合到"坤"，也就是"天"碰到了"地"，那会怎么样呢？如果倒过来，"坤"组合到"乾"，也就是"地"跑到了"天"的上面，地覆天翻，那又会怎么样呢？同理，"天"碰上"雷"怎么样？"雷"碰上"水"怎么样？"山"底下有"风"怎么样？"风"上边着"火"怎么样？当然，还可以自我重

叠，例如"艮"下面再来一个"艮"，也就是"山"和"山"重叠。这种情况共有八个。他这么来推演，于是两个、两个的小符号组加在一起，就变成一个又一个大符号组，这样的结果就出了一批大符号组，就形成了一个大符号组的群。有多少呢？结果就发现，你排来排去，就只能是六十四种。绝对不可能有六十五，也不会止于六十三，这就是传说中周文

22

王做的事情，由八卦推演到了六十四卦。但他不是个简单的符号游戏，或者是数字的推演，而是把他的人生体验借助于八卦的象征义给组合进去了。所以，就有了一个由六十四个符号组结合成的这么一个符号组的群。这个群里面有着很严密的数学的关联。这就是《周易》的大框架。

这个由六十四个大符号组构成的大框架有什么意义呢？在这个大符号组群的系统之中，每个符号组各自有什么意义呢？在每个符号组中，各个符号又分别有什么意义呢？各个符号组之间又有什么关联呢？这些都是文王思考的问题，也是这个大系统内在的奥秘。文王回到他的部落之后，就把这个系统以及自己的心得传授给他的儿子。他的这个儿子就是周公旦，也就是周武王的弟弟。周公旦把他父亲的这些心得体会，结合自己的研究，整理出来写成文字，附着到了这些符号上，就是前面引述的"系辞焉而明吉凶"的工作。

卦爻辞介绍

　　说到这儿，我们要有一个简单的说明：咱们所讲的伏羲、文王、周公在《周易》成书过程中各自做了什么工作，这是传统的易学在将近三千年的时间里，大多数人共同认可的说法。而现代的学术界，则是有各种新说法，五花八门。一般来说，《周易》的成书被认为是一个长期积累的过程，曾有过很多无名氏染指。至于文王、周公，也许是总其成者，也许只是箭垛式的人物。如此等等，但看法又各自不同。我们时间有限，大家也不是搞这专业的，我们就不能一一来介绍了。我们上面讲的都是古代传统的、影响最大的、枢对比较权威的观点。下面就依照这个路子讲，不再一一加以说明了。

　　好，我们接着说。周公把这些文字整理出来，附着到符号组上。这六个符号构成的符号组就叫一"卦"，说明每个符号组的文字就称为"卦辞"，一共有六十四段。每个卦中一个一个的具体符号称作"爻"，说明一个一个"爻"的就叫"爻辞"，共有三百八十四段。

　　这些卦爻辞，大家常常看得一头雾水。因为它的理解方式和我们通常所写文章不同，而且还变化多端。现在，我给大家一把钥匙，解决这个问题。这把钥匙怎么造的呢？其实也很简单，就是把卦爻辞分一分类，共分成六类。每一类我告诉你它的表述特点是什么，你解读它的时候按照什么思路进去。有了这把钥匙，你进门就会容易一些了。

先说第一类，卦爻辞里最简单的，就是后面这八个字："吉、利、亨、悔、吝、咎、厉、凶。"这一类什么意思啊？《周易》要指导你如何趋吉避凶，它必然要有个基本判断，情况如何，是好是坏。也就是"吉""凶"如何呀。对吉凶的说明判断辞就是这八个。这个顺序是我的排列，是从最好到最不好的。"吉"肯定是好的了，吉利、吉祥，"吉"都是好的。"利"也好，有利益。两个搁一块儿，"大吉大利"那更好。"亨"也很好，亨通。各位到天津，到我们的商业中心，有一个非常有名的钟表行，它就叫"亨得利"，就是从《周易》来的，"亨"和"利"，全占了。"悔"就差点了，要转变，要转折了。"吝"，要吃个小亏了。"咎"，要犯一个比较大的错误。"厉"，有很大的风险。"凶"，坏了，倒大霉了。

《周易》开篇第一句话，就是"乾：元、亨、利、贞"。按照传统的解读，这个句子应是这样标点，"元、亨、利、贞"四个字便是《乾》卦的四个基本属性。"乾"不是代表天嘛，天是一切的根本；"元"就是最初。所以有"乾元"的说法。"亨"呢，是大道亨通；"利"呢，利益万物，福泽众生；"贞"，就是"正"，正道的意思。当然，这是传统解释，《易系辞》也是据此展开论述的。现代易学的解释就有点不一样了。当然各家五花八门。比如说，这个"亨"，现在有人解释说这个应该不是"亨通"，它应该再加一横，就是"享"，"享受"的"享"。"享"就是祭祀。后边这个"贞"也不是"贞正"。根据音韵学来分析，"贞"就是"占"，就是"占卜"。那么这段话就不是说"乾卦"或是说"天德"的四种品性了，而是描述"大型祭祀中占卜得到此卦，是很有利的"。这种借助音韵训诂做出的新解有道理没道理，我们也不去分说了。大家知道有这样的分别，以及出现分别的原因就可以了。我们还是照着传统思路讲。

这一类比较好认识。但是也可能有的朋友会有疑惑：《周易》你不是说很复杂吗？六十四个卦，一个卦是六个爻，三百八十四个爻，就这八个字来概括吉凶是不是太简单了呢？你这个想法有道理。《周易》里有个解决的办法，实际这八个字是最基本的，具体到某一卦某一爻往往还有变化，还有定语，这样它就有了细微的区分。比如"吝"，我们说是吃个小亏；前面加上个"小"呢，变成了"小吝"，就是小小亏；或者加个"往"，"往吝"，你过去了就吃小亏，你不过去不就没事了吗？"终吝"，前面都没事儿，最后吃个小亏。诸如此类，但是你知道这些都是吉凶状态的判断辞就可以了。至于又加了个什么定语，各位一看就会明白的。

第二类就复杂一点了。比如举出的这两个例子："利建侯""利西南"。这虽然也是"利"，但是它增加了条件，就是在什么情况下"利"？如这个"利建侯"，这是第三卦《屯》卦的卦辞。注意，《屯》卦的这个"屯"有两个可能的读音，卦名中读如"谆"，意思是艰难；而第五爻有"屯其膏"，有人就读如"臀"，意思是聚集（如果依旧读"谆"，则是"吝惜"的意思）。还有的著作中主张完全读作"臀"，这里不细说了。卦辞中的"利

《屯》卦

建侯"，就是此卦卦象显示利于"建侯"。"建侯"，就是建立新的诸侯国。当然，推而广之，就是利于开疆拓土，利于事业新的发展。比如说，各位金融界的朋友，在哪个地方开一个新支行，让你去当行长，你拿不定主意，听说那个地方工作不好开展，事情很复杂。结果你碰到陈老师了，你说："老师，我这事儿怎么办呢？"我说这事儿我也不清楚，咱们开玩笑问问周文王吧。结果一操作，碰到这一段话了，"利建侯"，好啊，你大胆地去吧。当然，这一卦辞的理解不是这样简单。《彖辞》的解释是："动乎险中"，"宜建侯而不宁"。《象辞》的解释是："云雷《屯》，君子以经纶。"都是强调开创新事业、新局面，就像卦象显示的风雨交加、电闪雷鸣一样，机会与风险并存。只有在风险中奋斗，才能有新的成长。这就有了很深刻的哲理。而这个哲理又是通过象征性描述下震上坎——雷雨交加，来形象地表达。这就是《周易》魅力所在。这样的卦辞、爻辞，就

《塞》卦

是给你一个特定语境下的指导——"利建侯"。这个"利西南"也是同样的道理。这是《塞》卦的卦辞。"塞"就是腿脚走路不利索。《塞》卦讲："利西南，不利东北。"那是什么意思啊？也许是，部落里某个人丢了一头牛，他要去找。他找到酋长，酋长本身就是个大巫师，给他一占卜遇到《塞》卦。酋长讲，你看，这个卦正好解决你的问题。你现在碰到困难的事了吧？"塞"是行动困难的意思，代表你眼前这事儿不知道该怎么办好。现在神让我告诉你，别往东北去找，你往西南去吧。结果，丢牛的人跑出半里地把牛给牵回来了。于是他说，真灵啊。"利西南，不利东北"，大体就是这一类意思。当然也可能是别的事情，例如打猎，往哪边去野兽比较多；或者是战斗，应该选择哪一条行军路线。如此等等，就是一个方向选择，具体做什么不相干。总之，"利建侯""利西南"都是在一个具体的语境之下，针对某个具体的事项，告诉你吉凶的判断。这一类稍微复杂一些，不过也不难理解。

接下来，第三种，是跟第二类近似，但比它再复杂一点，是给出更具体的工作方针。比如这一段："知临，大君之宜，吉。"这是《临》卦第五爻的爻辞。"临"是什么呢？通常说的"欢迎领导光临指导"呀，"君临天下"呀，都是这个意思。以上视下，居高面低，就是"临"。这个卦主要就是讲究统治者怎样统治、管理民众。这段爻辞，第一个字要读"智"。古代汉语字少，有偏旁的大都是后有的，这个"知"就是"智慧"的"智"。

《临》卦

前面几爻的爻辞有"威临"（此用高亨说）、"甘临"等，说的是不同的统治、治理的手段。你将要去做一个地方、部门的最高领导，你拿不定主意采取怎样的举措为适当。"大君"，这里就指主要领导者。你要走马上任，接手一个新单位，你拿不定主意，为什么呢？因为这个单位前任没有搞好，风气也不正，规章制度也不行，人心涣散，有很多潜在的问题，应该怎么办呢？是不是一到那儿就来点强硬举措，先处分几个，建立威信，这就是"威临"——第一爻的爻辞。可你来找我咨询，一推演，得到的是这个《临》卦，但不是第一爻，而是第五爻。好了，我们分析这第五爻的爻辞吧。"知临，大君之宜"——它告诉你，"知临"，就是要靠领导艺术，靠你的智慧、智谋，用领导艺术来解决问题。"大君之宜"，这是主要领导者在这种情况下最好的选择，所以说"吉"。这跟第二类卦爻辞的理解思路有点像，但是它更复杂一些，更具体地给出工作方针，这是第三类。

第四类呢，又复杂了一些，理解、阐释的思路完全不同。例如，"履霜，坚冰至"；"密云不雨"；等等。先说"履霜，坚冰至"。这是第二卦《坤》卦第一爻的爻辞。各位北方的朋友对这句爻辞就很容易懂，要是南方朋友可能就难懂了。北方的秋天，一过霜降，早晨你出门，开门一脚踩出去，地上出现了一个脚印儿。怎么回事儿呢？地上有霜了。晚唐诗人温庭筠有一联诗句很有名："鸡声茅店月，人迹板桥霜。"形容过去商旅，也就是做买卖的人的辛苦——"鸡声茅店月"，鸡刚一叫，月亮还在天上，天还没亮就起床了，就出门了。一出去怎么样呢？寒风刺骨不说，低头一看，一个一个的脚印就踩在落霜的板桥上，"人迹板桥霜"。这个踏着寒霜走路就是"履霜"。那么《周易》这句话是什么意思呢？它在"履霜"后面加了一句话，"履霜，坚冰至"。当你发现在路上能踩出脚印，发现已经有了寒霜的时候，你就知道，冰天雪地不远了。这里什么事项都没讲，只是描写了一个自然的景观，一个季节的变化。这就要求你用象征的思维去理解。什么意思呢？象征事态将要越来越严重。现在是霜降，很快就会"三九四九冰上走"啊。这是一类，就是比喻、象征。再看"密云不雨"，也是同样

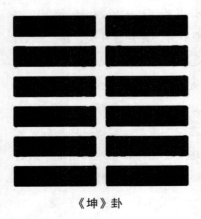

《坤》卦

的道理。"密云不雨，自我西郊。"这是《小畜》卦的卦辞。什么意思呢？阴天了，彤云密布，云从城西涌上来，布满天空，但就是不下雨。有句话叫"如大旱之望云霓"，旱了一两个月了，庄稼快干死了，百姓盼着云生雨到。可是，云倒是有了，就是变不成雨，这就

《小畜》卦

是"密云不雨"。在卦辞里什么意思呢？也是没有明讲。我们还是要靠象征来理解。就是象征矛盾仍然在酝酿中，暂时不会爆发。这是第四类。这一类的特点是，描写一种自然的景观，或是时令节气，真意需要你用象征的思路去理解。

第五类，是讲述一个故事——当然是极为简略地讲述。例如，"旅人先笑后号咷"。这是《旅》卦第六爻的爻辞。"旅人"，指离开家乡在外地的人。他不知道碰见了什么好事儿，哈哈大笑，很高兴。可是高兴没多会儿，情况突转，灾难降临，他又号啕大哭。这讲了一个很简单的小故事，但没有讲是谁，也没

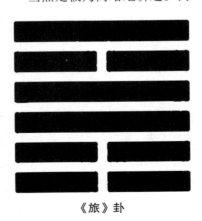

《旅》卦

有讲具体的时间和地点，就是一个故事的梗概。这是第五类情况。这种情况怎么理解呢？有的《周易》研究者，根据甲骨文中的一点线索推论，一定要落实人物、事件的历史"真相"。于是，考证出这个故事讲的是殷商王朝的祖先王亥，他曾率领部落迁徙，得到水草肥美之地，很高兴，可是灾祸突然降临，损失了牛羊，还有人丧了命，所以他号啕大哭。这种解释好像挺有道理的。可是还有研究者说，这不是殷商祖先的事儿，是周朝的祖先，是他们一次部落迁徙，如何如何，也是先吉后凶云云。到底谁说的有道理，其实很难断定。因为可依据的材料太少了，基本都接近于猜谜。所以，对于我们，这种争论没有多大意义。因为这只是一类事件，本来就没有明确具体的限定。如果说情节接近的事件，那就多了。我可以举出更典型的，如《三国演义》赤壁大战的一个小情节。大家有印象没有？曹操被孙刘联军给烧了战船，率领残兵败将逃跑，跑到半道儿，曹操忽然扬起马鞭哈哈大笑。手下文臣武将都傻了，说丞相您是不是气糊涂了，咱打了败仗您怎么还高兴呢？曹操说，我笑诸葛无谋，周郎少智。假如是我用兵，在这儿埋伏一支军队，那多厉害啊！话声未落，三通鼓响，杀出一员大将，吼声如雷，"燕人张翼德是也"，杀得他们鬼哭狼嚎。你看这多典型，"旅人先笑后号咷"。但是对吗？肯定不对，这事儿多晚哪。这一类的事儿，都不是特指，就是有情节的一个故事梗概。那么怎么理解呢？类比！像我刚才讲了三个事件，三个所谓的解释好像都不矛盾。这就是类比。你用类比的方法来理解。这事儿既不是特指这件，也不是特指那件，就是这样的一类事件，一类情境。这段爻辞包括了三个要素：第一要素，你离开了故土，离开了根本，是"旅人"；第二个要素，你会先碰到些好事儿；第三个要素，你要小心了，很可能会有逆转，危机将临。像我们所举的例子，都包含着这三个要素。这就是第五类情况，是要用类比的方法来思考，来理解。

最后一种跟第五种很相似，但是又不太一样。大家看这段话："帝乙归妹，其君之袂不如其娣之袂良。月几望，吉。"这是《归妹》卦里的第五爻的爻辞。"归妹"就是嫁姑娘，女孩子出嫁。当然，也有的人讲得很落实，说就是把妹妹嫁出去。其实不对。"妹"字古代可以泛指少女、女孩。所以，"归妹"就是嫁女儿、嫁姑娘的意思。"帝乙归妹"，帝乙是谁呢？商纣王他爹。商纣王称帝辛，"纣"是周灭商之后给他加的恶谥。他爹称帝乙。嫁姑娘嫁给谁？嫁给周文王。当然，还是那句话，他当时还不是周文王，还是一个诸侯的首领。实际这是一次政治联姻。也就是说，周文王其实是商纣王的姐夫或妹夫。在婚礼之上，来宾们发现了一个反常的事儿，"其君之袂不如其娣之袂良"。新娘穿的这件婚纱还没有伴娘的好。好比新娘这

《归妹》卦

33

件可能是山寨，伴娘那件可能是名牌。所以来观礼的，尤其是女性的贵宾们，对衣着比较有研究，就在窃窃私语：怎么回事呀？怎么弄反了？这好衣服咋让伴娘穿了呢？就是说婚礼上出现了一件反常的事儿。这个事儿发生在什么时候？"月几望"，"望"就是圆月，"几望"，将要圆月，那就是农历十四。在这个时候办的婚礼，在婚礼上出现了反常的事情，但是这个婚礼最后还是很顺利地进行了——"吉"。这一类与前一类"故事梗概"相比，有两点不同，一点相同。第一点不同，这一类是明确具体的历史事件。第二点不同，人物、时间、经过都要更具体一些。相同的呢？理解的思路相同，都是类比。拿这一段来说，可类比的就是三点：在一次喜庆的过程中，出现了反常的插曲，但是没有影响到最后的良好的结局。

整个《周易》的文字，主要的类别就是这六种。如果我们没有这样的认识，阅读时这六种都混在一块，忽然讲了一个故事，忽然又说起天气，各有不同的理解思路，你就不容易理解它在表达什么意思。现在好了，你有了我给你的这把"钥匙"，就再也不用苦苦去分析了。哦，这是一个小故事，那就通过类比的方式来思考；哦，这是讲景物，讲天气，那就来思考它象征的是什么。

这是介绍《周易》的第二个组成部分——"附着于符号上的文字"，也就是卦爻辞。主要是告诉大家卦爻辞表达的特点，以便于自己的阅读。

这里要强调一下，以上只是最基本的情况，同时《周易》

文字的象征义是随语境不同而有所变化的，也就是说同一个词语、同一个卦象，在不同的卦中，在不同的位置上，可能有不同的象征义。例如《损》卦，是《兑》下《艮》上；《咸》卦呢，是《兑》上《艮》下。同为《兑》与《艮》的关系，前者的解释是象征"小民与权贵"，是社会关系。后者的解释是象征"小妹与大哥"，是家庭关系。这显示出了象征性解读时常遇到的多义性。但是，异中也有同，往往还可以看出一些理路上的关联。如上述的《损》卦与《咸》卦，所包含的《兑》《艮》，虽有象征"国事"与象征"家事"的不同，但都是喻指强势与弱势两个方面，都是主张矛盾的调和。在这个意义上，"家"与"国"的道理是相通的。所以，理解卦爻辞不能胶柱鼓瑟。

占卜简介

除此之外，还要简单介绍《周易》的第三方面。前面我们说过，《周易》的功能分为静态与动态两种情况。静态时，主要通过我们的阅读、思考，探究卦象与卦爻辞的哲理内涵。动态时，针对具体事件，考察预示的前景，分析应对的方略。也就是说它要在"动"中解决实际问题。那怎样才能进入动态呢？也就是说怎么操作呢？这里有另外一组数字，是占卜时候的有关程序。先看第一个数五十五，这是用来占卜的工具——蓍草的数量。蓍草是一种植物，北京没有，天津也没有，现在河南还有。我到实地考察过，在河南安阳。大概一米四五高的样子。这种草的特点是茎秆笔直，很细，几乎上下一般粗，很柔韧，不容易断。因了这种特性，成为古代筮占的工具。

这里咱们简单介绍一下古代的占卜。古代的占卜，从源头上说，也就是先秦时代，主要分为两个大系统（有的说还有"星占"，但那影响不大）。一个是龟卜，一个是筮占。龟卜是用乌龟的腹甲。巫师在上面钻孔，使龟壳破裂，然后他根据裂纹的走向、长短，以及彼此关系，进行分析。殷商民族的巫师以这种方法为主。筮占使用蓍草。巫师把一定数量的蓍草，按照确定的程序进行搬弄，最后得出不同蓍草数量的组合。再把这种组合，对应于占卜的"指导书"——《易》，从对应的卦爻得到卦象与卦爻辞两个方面的信息，然后进行综合分析。周文化的系统中，这种方法使用更加普遍。两种方法比较，差别不仅在用具及操作方法上，更重要的是相关的深层的观念。龟卜纯粹是偶然的，也可以说是"全凭天意"。而筮占从操作到解读，人的因素占相当的比重。整个过程，除了偶然性——"天意"之外，还有人的操作。而操作还有固定的程序，出来的结果也要遵从已有的固定的规则来解释、说明。所以，这样的占卜，一半是天，一半是人，天和人在这儿有了一个沟通。人的主体性得到加强，所以可以认为是一种文明的进步。

这里要说明一下，有一种说法，说是夏、商、周各有一套"易"，夏代的叫"连山易"，商代的叫"归藏易"，与"周易"类似。这种说法影响很大，其实靠不住。无论是最早的有关文献，还是后来各种"辑佚本"，其实都有很大的疑点。我们在这里不可能详论。有兴趣的可以查看相关参考材料*。

好了，下面回到正题，咱们来非常简单地介绍和占卜有关的这一组数字。一开始的五十五根蓍草，也有主张是五十根的，各自有神秘性的解释。但其实没有多大实质意义。因为或者取出六根，或者取出一根，来经过一番仪式，剩下的都是四十九根。而进入后面操作程序的就是这四十九根。操作是把蓍草随机地分开，也就是随意分；分开之后，分别四根四根地数，两边都会得出余数；把余数放到一边，数出的合起来，再分，再数，再取余数；一共要操作十八次。根据一种规定，每三次就可以得出一个数字，或是六，或是七，或是八，或是九，这样一共有六个数字，排列到一起。七和九是单数，就对应着阳爻；六和八是双数，就对应着阴爻。这样，六个数字对应着六个或阴或阳的爻，一个完整的卦不是就出来了吗？为什么这样对应呢？说明一下，这与古代的数文化有关。中国古代的数文化很丰富复杂，其中包括"单数为阳，偶数为阴"的认知。接下来，还有一层变化。这四个数里，又划分出了两类。凡九、六称作"老"。凡七、八称为"少"。"老"的意思是物极必反，要实现阴阳的转化。"少"是新生，可以稳定不变。所以，得出的六个数里，如果有九，就先认定了"阳爻"，然后再把它变成个八——"老阳变少阴"。如果有个六，就先认定了这个"阴爻"，然后再把它变成七——"老阴变少阳"。这样就得出了两个卦。没变时，九是"阳"，六是"阴"，得出一个卦，叫作"本卦"。变了之后，得出另一个卦，九变八，显示为阴爻；六变七，显示为阳爻。这个卦叫作"之卦"。对事件的解释便在这两个卦以及相互关系里来解释——这是很复杂的事情，后面我们会举例来分析和解说。

通过这一番操作，就使得原来固定的六十四个符号组动起来了，变成了一个动态的系统。一套静态的数字、符号，一套动态的操作系统，两个互动起作用，就会化生出无数的情况。有朋友说，我们平常出去旅游，看见庙门口摆个摊儿占卜，没像你说得这么复杂。是啊，他要这么复杂，他那性价比就受不了了。咱们说的属于"原教旨"性质的。后来江湖上的有各种简化的替代物。例如"币占"，就是拿三个钢镚儿来扔，根据正反面来决定哪个卦。还有"数占"，让你写一个字，他来数出笔画。或者连字都不写，他一看钟表几时几分，然后就开始给你算了，等等。这些都是从上述基本方法简化出来的。简化之后，大体相当，也有细小的差别。我曾经找过一位数学专家，请他帮助看看几种操作的结果有没有差异。他说"割鸡焉用牛刀"，就让一个博士生来了。人家不到半小时就给我算出一大串式子，简单说大体相当，细节不对等。特别是比较极端的情况出现的概率不一样。当然，这个我们也不去深究了，大家知道有这么一种操作，利用这个操作系统可以让《周易》动起来，这就可以了。

简说《易传》

　　《周易》是什么？有关的最基本的知识，我们介绍完了。不过，还有两个应该知道的常识，还要追加说明一下。

　　第一，为什么叫《周易》，特别是为什么叫《易》？这既是个一般的字词知识，又涉及对《易》的基本精神的理解。古人对这个问题有一个概括，叫"一字而三义"，就是这一个字有三个含义。这是东汉末年著名的经学家郑玄概括的。哪三个含义呢？第一，"变易"，就是说《周易》讲的就是"变化"之理。这是《周易》最基本的内容。从基本精神看，《周易》就是讲"变"。就是认为整个大千世界是迁流不息的，不论是吉、凶、祸、福，都在变化着，不会有片刻的凝固、停留。这实在是无可置疑的真理。我们看看这些年的国际形势：十几年前，小布什刚上台的时候，真是意气洋洋，也是非常蛮横，提倡"单边主义"，说简单一点就是"我想收拾谁就收拾谁"，然后跟中国的关系就立刻紧张起来。谁想到，"9·11"发生了，形势陡转，他急着去打阿富汗、伊拉克，我们就有了十几年发展的黄金时期。我们发展势头挺好，感觉"大国崛起"指日可待了，奥巴马和希拉里提出"重回亚太"，我们周边又紧张起来了，很多难题又出来了。可是一转眼，美国国内又出了新情况，财政悬崖，政府要关门了，随后中东又出了新乱子，真叫作波诡云谲呀。你看有片刻消停没有？这只是举出的一个角度，其他方面也都是在不停的变化当中。这就是《周易》最基本的观点，一切都在变化之中。

一切都在变化，那为什么就要叫作"易"呢？我们可以从象形文字的角度来看。下图是《说文解字》里的一段话。"易"在象形文字里的样子，有一种解释，你看，上面是个大脑袋，底下有四条腿，就是一种小动物——蜥蜴。蜥蜴在生物学上有一个特点，具有典型的保护色特征——它的颜色总是随着环境变。所以这个字的基本意思就是"变"。当然还有其他解释，我们就不说了，一说就乱了*。"易"这个字，当初指蜥蜴，蜥蜴是变色的，所以"易"的基本义是"变化"。而用了这个字，就反映出恒久变化之道。那第二个意思呢，反过来了，"不易"，也就是不变。怎么还可以反过来讲呢？这是古汉语的一个特点，叫"反训"。早期的古汉语，很多字可以当相反

易蜥易、蝘蜓、守宫也。

《说文解字》书影

41

的意思来讲，比如"治"和"乱"，"面"和"背"，都可以用一个字。可是，《周易》不是讲变吗，怎么又不易不变了呢？道理是这样的，"变"当然是无时无刻不在变，但是变化的基本规律是不变的，是放之四海而皆准的，是有可知规律的。你们看，又变又不变，这么复杂！还有第三个意思呢？简易。就是说《周易》此书用最少的符号、最精练的语言来表达丰富复杂的含义。

所以，"一字而三义"，是"易"字的全面解释，也是《周易》这本书思想内涵方面的特点。

第二个常识比"一字而三义"还重要，就是"经"与"传"的关系。前面我们讲《周易》有符号有文字，分为两部分给大家做了介绍。其实，还有另一个角度，也是可以把《周易》看成由两部分构成的，这就是"经"和"传"。通常我们也把《周易》叫作《易经》，但是这种时候通常是包含着《易传》的。严格地讲，经是经，传是传。那么，什么叫"经"，什么叫"传"呢？

前面我们讲了"人更四圣"，也说过这是传统的说法，带有传说的性质。传说是伏羲发明了八卦，然后是文王（其实当时是西伯侯）被拘禁的时候以八卦两两相摩相荡，推演出了六十四卦，也就是构成了《易》的大框架。然后由他的儿子周公把他的思想进一步地加工整理，写成卦爻辞。这个时间离我们现在大约三千年。而符号框架与卦爻辞传了五百年之后，就到了孔子的时代。传说孔子钻研这些前人留下的文献，把自己的心得写成十篇"读后感"，附着在符号框架与卦爻辞后面。这十篇里有五篇是穿插进去的，有五篇是附着在后面的。这十篇文字也称为"十翼"。"翼"，羽翼，这里是辅佐、辅弼的意思。而更正式的叫法，这十篇文字就叫"易传"。"传"就是对于"经"的阐释、发挥。这十篇文章，包括象上、象下、象上、象下、系上、系下、文言、说卦、序卦、杂卦。咱们不是专门搞研究的，我就不一篇一篇具体介绍了。大致知道以下这些内容就够了：《象》（上、下）是附着在每一个卦来解释卦辞和卦义的；《象》（上、下）是解释卦辞卦义以及每条爻辞的。《象》就是图像、符号，所以象辞特别要讲上下两个卦之间以及爻的位置这一类符号彼此之间的关系和相互作用。《文言》专门解释《乾》《坤》二卦。而《系辞》（上、下）则是集中谈到"易"的原理，哲学思想的色彩最为浓厚。《序卦》则讲六十四卦排序的道理。《说卦》主要讲八卦的象征义，十分繁杂，引申的东西特别多。《杂卦》是错杂地讲说六十四卦的最基本意义。

这里要强调的有两点。第一点，"经"与"传"这两部分可不是同时写出来的。"经"是三千年以前的作品，"传"是两千五百年以前的，中间隔了大约五百年。后面这部分过去认为是孔子写的，现在的看法不一样，有人说不是孔子，是孔子的学生写的，孔子讲完了，学生过后记下来的。有人说不对，是孔子学生的学生。有人说还不对，根本就不是一个人写的，这十篇是在一个漫长的历史过程中好多人写的。还有人甚至于说根本就不是孔门弟子，是道家门徒写的。这些我们不去详论，大体上，我认为有两方面是可以肯定的：其一，"十翼"不是出于一人之手，而且也不是同时写成的；其二，主要的几篇，《彖辞》《象辞》《系辞》《文言》，当是孔门后学依据一些记录或师门传说铺演而成，还是接近于孔子思想的。所以，我们不妨还是按照传统的说法，看作是孔子写的。第二点，即使是孔子写的，也是解释前人的著作《易经》的（当时并不称为"经"），而中间隔了五百年，那么他解释得正确吗？古代的人绝大多数认为肯定是对的——"孔子是圣人，是权威啊，肯定都是对的。"所以在孔子身后的两千多年里，人们把《易传》和《易经》看得一样权威，都是最高等级的思想资源。但是，到了现代，很多人认为"传"中有很多不符合"经"的"原意"的地方，也就是"误读"了"经文"。例如前面所讲，"元亨利贞"这个"贞"，按过去的讲法就是"正"，是"乾"的品性，也就是"天德"的一个方面。但现代学者说不对，"贞"应该是"占"，占卜的"占"，一个动词而已。这就是今人对"误读"的纠正。至于纠正得对不对，其实也很难说。肯定有些是对的，同时也可以肯定有些是很勉强，至少是有待讨论的。

为什么要给各位强调这一条呢？因为大家听了今天的讲座，兴趣大增，上网买几本讲《周易》的书来自学一下，结果买了十本，十本讲得都不太一样，甚至差别还相当大。怎么回事呀？知道这个过程就明白了。研究者大都想标新立异，又把过去传统的讲法颠覆掉了，所以新的说法往往有较大的随意性。这种种新说法对不对，我们也无法一一讨论，只是明白其来龙去脉就可以了。关键一点是，既然《易传》可能不是孔子所作，既然可能存在对"经"的误读，那么它还有没有价值呢？研读《周易》是否还要把它当作对象？这里有一个看问题的角度问题。《易传》作为重要的经典，流传了两千多年，产生了广泛的影响，有些方面代表了那个时代哲学思想的最高水平，在发掘传统文化的优秀基因时，这是极其宝贵的。如果你以纯学术研究的态度搞"《周易》传播接受史"，或是"《周易》阐释学"的题目，分析其误读之处，那就是另外的问题了。所以，我今天讲的基本是采取传统的《易传》的观点。当然，对于重要的新说法，也做一些必要的介绍。

卦例分析:《乾》

说了这么多,我们要整合一下,让大家有一个更感性、更具体的认识。怎么做呢? 我们拿一个卦来举例,把以上讲过的内容整合到一起。

举哪一个卦好呢? 就举第一卦,《乾》卦。为什么举它呢? 一个原因是它排在第一,还有呢,就是它在系统中也是最重要的。

看这个图,上下两个,是一样的,每个都是"乾三连"。就是八卦中的"乾",再来一个"乾",摞到一起,两个"乾"还是"乾"。这个卦就叫《乾》卦。一个卦可以由两个相同的构成,也可以由不同的构成。不同的多,相同的少,相同的只有八个,不同的有五十六个。《周易》第一卦就是这个《乾》卦。它的卦辞就是"元、亨、利、贞"。刚才解释过了,这样标点是传

《乾》卦

46

统讲法，四者是"天的四种德行"。也可以标点成"元亨，利贞"，那就是现代的讲法了。后面这两句话——"乾道变化，各正性命"，"保合大和，乃利贞"，是出于《易传》"彖辞"。"彖者，断也。""彖辞"是对卦辞的判断、解释。我们看看彖辞中这两句："乾道变化，各正性命"，"保合大和，乃利贞"，就是解释"元亨利贞"中的"利、贞"二字，也就是阐明孔子（咱们就假定《易传》的作者是孔子）对天道的理解。"乾道变化"，"乾道"就是天道，天的规律。天之道是在不断的变化之中，但是不管怎么变，天对于它所滋生、覆盖的万事万物有个基本原则，就是"各正性命"，就是让天下的每一种事物按照自己的个性来存在和发展。这个意思有点像毛泽东青年时期写的一首词里的境界。毛泽东青年时代的思想和他晚年的思想还是有比较大的不同的。这是他在长沙时填的一首词，写得挺好，各位有印象吗？《沁园春·长沙》："独立寒秋，湘江北去，橘子洲头。"很有气象。下面又有这么三句，也写得挺好："鹰击长空，鱼翔浅底，万类霜天竞自由。"高天上，鹰自由地翱翔；湘江里，水清澈见底，鱼在那里自由地游动。在秋天的世界里，一切事物都按照自己的生存状态和个性"竞自由"——自由地存在、发展，"各正性命"。而多元世界里，彼此之间怎么样相处呢？"保合大和"，这个"大"就是"太"。注意不是我敲错了，古汉语字少，一个字当好几个用，好多有偏旁、有零碎的都是后出的。"保合大和，乃利贞。"就是说，彼此保持高度的和谐，是对大家都有利的正道，也就是"利贞"。怎么样？象辞文字很简单，但富有哲理。中华民族的文化传统讲究和谐，还真不是现在附会出来的，确实在很久远的时候就有这种思想了。

下面我们一个一个爻地来看，更具体地看。

这卦怎么看呢？看一个卦，要从下往上看。一个卦的六个爻，要分成两部分。下边三个组合在一起，叫"下卦"；上面的三个组合在一起，叫"上卦"。同时，下卦也叫"内卦"，上卦也叫"外卦"。"上卦"与"下卦"，每一卦三个符号，中间这个位置叫作"中"。上、下、内、外、中，这些概念，在分析卦象、爻义的时候，都会有作用。

好，现在逐一来分析。从下看，第一个爻，爻辞是"初九：潜龙勿用"。最底下这个位置叫"初"；"九"是个奇数，性质属阳，在爻辞中就指阳爻。"初九"，就是一个卦的最底下爻位上是阳爻。那什么叫"潜龙勿用"呢？《乾》卦的基本义是象征天，不过同时还可以象征龙。龙是什么？是我们祖先想象中的一种图腾性质的生物，带有神异功能。最早用文字描述龙的就是《周易》这段话。去年是龙年，我的一个朋友编了一本书，叫《龙书》，就是把古往今来能找到的"龙"字的书法编辑到一起，再加上必要的说明文字。全书前面还有一篇序，是我写的，就是把《乾》卦爻辞中的龙的形象作一番发挥。这篇序，涉及对《乾》卦的整体理解，最后我再读给大家听。序的题目是"乾龙之歌"，就是从这个卦爻辞里生发出来的。总而言之，龙是古代的一种带有神异图腾品性的生物形象。它有神性，拿《三国演义》中曹操的话讲，那是"大则兴云吐雾，小则隐介藏形"；但是它还有动物性，我们的祖先既浪漫又现实，作为动物，龙是爬行类，爬行类到了冬天要冬眠。冬眠中的龙就叫蛰龙，也叫潜龙。拿卦象来说，龙再了不起，现在是在下卦，下卦里又是在最低的爻位，相当于处在冬眠中。当然，龙也可以说是比喻社会的精英骨干。一个有潜力的人，当时机不利的时候，不要急着做事情，这就是"初九：潜龙勿用"。

往上发展，到了第二个爻，爻辞是"九二：见龙在田，利见大人"。"九二"，"九"还是代指阳爻，"二"是位置。这个位置表明情况变了，变得好一些了。有什么好呢？爻位上升了一格，这样就在下卦里居了"中"。不在最下面了，又居了中位，说明状态有改善。拿龙来做比喻，就是春天来了，惊蛰了，龙从地下出来了。"见龙在田"，"见"这个字读"现"，出现。对"见龙在田"的理解具有双重性。一方面，天也暖和了，龙醒来，从地下出来了，比喻可以开始做事了；而另一方面，阳爻到了阴位——二属阴，还不是太有利，对应着上卦的阳性的"中"（五属阳），是受到一定的压制、制约的。这好比龙睡了一冬天，能量消耗得差不多了，想飞腾，想做事儿，而能量还不太够。所以，关键是"利见大人"——最重要的是得到有力量的人的帮助、提携、辅佐。晋朝有一个研究《周易》的人，叫干宝。大家在中学，也许小学，就读过他的文章吧？《李寄斩蛇》，是《搜神记》里的。干宝研究《周易》，他解释这个《乾》卦，说很大程度上就是周文王的命运的写照：第一爻，"潜龙勿用"，等同于周文王被拘禁在羑里，只能"潜伏爪牙忍受"（《水浒传》里，宋江刺配江州时自况），只能是顺应时势，等待命运的转变。第二爻，等同于周文王刚被放回西岐时的状况。西岐比殷商天子的力量小多了，何况君主被关了好多年刚放回去，要跟朝廷对抗，力量远远不够啊。怎么办呢？"利见大人"啊。历史上有一个传说，说是周文王亟待励精图治，对抗商纣的暴政，但是自己力量又不够，很焦虑，晚上睡觉睡不好，到半夜突然做了一个梦，惊醒了。梦里是一头巨大的熊，背上长着翅膀（当然也有人说"飞熊"是虎，我们不管这些，反正是一只猛兽），飞进了帐篷，扑倒在他身上。他惊出一身冷汗就醒了，赶快把身边的谋士都请来，说我做了这么一个噩梦，是不是商纣王又要来捉我了，各位看看怎么解释。其中就有聪明的人说：贺喜呀！这是好兆头。飞熊入梦，象征着你将得到一个非常有力量的人来帮助你。第二天，周文王就出宫，走到渭水边上看到一个老人在钓鱼，行为很奇特。交谈之下，发现真是王霸之业的辅佐，当即请回宫中，赐号"太公望"。这人就是姜子牙。《史记》记载的是，文王占卜，得到一卦，卦辞是将要有奇遇，所遇"非龙非螭，非虎非罴"，结果遇到了姜子牙。流传久了，就戏剧化地变成了梦到"飞熊"（其实，这是把文王的"非罴"——罴为大熊，与《诗经》中的"梦熊"合二而一的结果。"梦熊"也是大吉之兆，很容易附会到一起）。我们看《封神演义》，姜子牙这人很窝囊，没有什么真本事，那是小说家言。历史上姜子牙可了不起了，第一是大军事家，有兵法著作；第二非常勇猛，《诗经》里有描写他冲锋陷阵；第三，在很长一段时间里，中国的武圣人就是姜子牙，与文圣人孔子并列，享受国家级祭祀。直到明朝，大独裁者朱元璋是一个高度专权的人，姜子牙率军推翻商纣王这事儿踩了他痛脚，朱元璋就把姜子牙的武圣人给废了，后来慢慢地把关羽顶了上去。这不细说了。按照干宝的解释，"见龙在田，利见大人"，就是说的当年文王遇到姜子牙得其辅佐的历史。而在这一爻的爻辞里，就是告诫事业的初始阶段，资源不够，力量不够，很重要的是要努力得到别人的帮助，最好是大有力量的人的帮助。

再往上看，到了第三个爻，也是下卦的最高位置。这个位置不错，即是下卦的最高，又是阳位。对于阳爻来说，天时地利都是不错的。我们来看爻辞："九三：君子终日乾乾，夕惕若，厉，无咎。"这里没有出现"龙"的字样，主语换成了"君子"。其实，龙也是比喻人事，就是社会的精英、领导者，与"君子"是同义的。可以说"君子"和"龙"是互文见义的。"九三"，阳爻上升到了下卦的最高位，比喻你这个人，经过一番努力，事业已有小成。好比是一个精英、骨干已经做到了基层单位的老大，CEO（首席执行官）。但是，你可千万别骄傲。为什么？你上面还有一个上卦在那里压着、制约着你呢。你确实做得很好，也成为"一方诸侯"了。可是你在第一线，经常会碰到各种突如其来的事情，风险度是很高的。"君子终日乾乾，夕惕若，厉，无咎。""终日乾乾"，整天都要勤奋努力。"夕惕若"，一直到晚上都不敢松懈，保持高度警觉。"惕"就是警觉。"若"是"……的样子"。"厉"呢，指经常会有风险。但只要是"终日乾乾"，只要能够"夕惕若"，就是保持这种努力的、毫不懈怠的姿态，就可以"无咎"，可以避免灾害和损失。所以，最重要的是你的姿态。这是第三爻。

再往上，"九四"，又上升一格了。有点不同的是，它不是简单地上升一个位次，而是到了上卦的最下一爻，是到了一个新的层次。从卦象看，总体当然是好的，升格了嘛，又是升到了上卦。但缺点也不可不知：一是在上卦里处于最下；二是阳爻到了阴位。如果我们发挥一下，比喻一下人事，那就是，前面你做得挺好，把你提拔到总公司，到集团去了，你去当了一个副职。好处是升了一个层次，缺点是你原来是下面的老大，是 CEO，你现在变成 CFO（首席财务官），甚至 CNO（首席谈判官）了。一共有九个副职，你排第八。这时，你就要明白，虽是一个上升，但局限很明显，阳爻处在阴位，位置又是如此，工作中便不能完全实现你的意志和抱负，而且你还千万不可躁进。这是"成长中的烦恼"。好比是龙，龙能在地下，能在地上，还能飞。但是，有的时候，龙还要跃入深渊，调整姿态，积蓄能量，以备将来更大的发展。有这样一种观念和认识，就可以避免各种问题的发生，所以说"或跃在渊，无咎"。"或"，语气词，表示不肯定，或许，有时要。

经过一番调整，能量也充足了，终于时机来了，于是升到了第五个位置，也就是最好的位置。你看，天时地利人和，在上卦里这一爻居中，同时阳爻到了阳位，好的条件都有了。爻辞说是："九五：飞龙在天。"我们知道"九五"这个词，在封建时代，"九五之尊"就是代指皇位，最高的权力位置。"九五之尊"这个词语就是从《周易·乾》卦这儿来的。"飞龙在天"，正是大丈夫得遂夙愿，实现理想、抱负的时候。这个时候最重要的是什么，不应该只想到自己痛快、威风，要想到居于如此高位时的责任。所以爻辞接下来讲"利见大人"。这里的"利见大人"从字面上可以有两种讲法。一种和前面"九二"爻辞一样，就是需要有力的辅佐。但此时的龙已到最高位置，他人再居"大人"之位似乎意味上有些扞格。所以也可以有另一种理解，就是翻过来，"天下人以见到'飞龙'为利"。也就是说，你应该给普天下的人带来利益和恩泽。"九五：飞龙在天，利见大人。"从卦象来看，从比喻义来看，都是最好的。

大家说，这不对吧？你这么说太绝对了，这上面还有一个位置啦。好吧，我们再看，再上去一个位次，又当如何呢？爻辞是："上九：亢龙有悔。"坏了，向反面转折了。为什么要转折呢？"亢"就是过分的、亢进的。这个龙顶了天了，就要向反面走了。从卦理来看，我们不是讲阴阳平衡吗？到了这一步，六个爻全是阳了，没有阴来平衡，来制约，就要出毛病了。就像中医说的阴虚阳亢，"上火了"。另外，从卦爻位置来看，阳爻到了阴位也不好，又是到了最高位，阳据阴，其性相反，当有悖理之举，也就必然会物极而反，走向反面。比喻人事说，就是做事情不留余地，这弓一定要拉到十二分，这时再稍一不慎就会弦断弓折。《象辞》在这儿有一说明："盈不可久也。""盈"，满盈。月亮满了圆了就要开始亏。水往容器里倒，倒满了还不停，就要溢出来。"悔"就是开始转折。

你看，这六个爻，简单的六个符号，排到了一起，加上如此简洁但又生动的词句，把做事情的六个阶段非常精炼地总结出来了。尤其是像"潜龙勿用""亢龙有悔"，其中人生哲理是何等深刻！这可是三千年前我们的祖宗写出来的。其中的哲理滋养了很多人成长，也映照出很多失败者的教训。

先举一个正面的典型，左宗棠。这几年关于左宗棠的书籍、文章有不少，评价比过去高多了。这个左宗棠是个不可多得的奇才。读书人，带兵打仗，打的都是极端困难的仗，但都取得了了不起的战绩。梁启超称他是"五百年以来的第一伟人"。20世纪的美国副总统华莱士听说他的事迹后感叹说："左宗棠是近百年史上世界伟大人物之一，他将中国人的勇武精神展现给俄罗斯，给整个世界。"他怎么获得这样高的评价呢？原来，清朝到了后期，鸦片战争之后，急剧衰落。这时候，先后出来一批人物力撑危局。其中最厉害的是两个人，曾、左。"曾"是曾国藩，"左"是左宗棠。左宗棠对中华民族有一重大贡献。左宗棠所处的那个时代，"疆独"势力很猖獗，从境外渗入的阿古柏在英国支持下，先后攻占喀什、吐鲁番、乌鲁木齐、鄯善等地，成立所谓"哲德沙尔国"。英国不仅给他派去军事教官，而且直接运去各种先进武器。而俄国乘机占据了伊犁和北疆大片领土。160多万平方公里的新疆，几乎从大清的实际版图上消失了。朝廷上，大多数人主张放弃新疆，说是我们国力那么弱，根本不是沙俄、英国的对手。但左宗棠力排众议，坚持一定得收复回来。但是他并不是一个莽汉。他在兰州练兵三年，聚积粮草，然后发兵。由于准备充分，用兵如神，很快就把那个所谓"哲德沙尔国"给灭了。然后立刻调兵北上，直逼伊犁。沙俄也是欺软怕硬，看到左宗棠的精兵强将，最终坐到谈判桌前。谈判结果是清朝收回了伊犁。这个左宗棠了不起吧，读书人，还懂军事，常胜将军。但是他年轻的时候很不顺利，科举考试总不得意，最终也没考上进士。看他年轻时候自己写的对联："身无半亩，心忧天下；读破万卷，神交古人。"这气魄！"别看我现在处境不怎么样，可是我有抱负、有志气、有学问；现在这些人我还一个瞧得起的也没有，只有古代的豪杰才配和我当朋友。"这个"古人"是谁呢？左宗棠自己起了个号叫"今亮"——我是当代诸葛亮。他心仪的"古人"全是这个级别的。小伙子有志气是好的，但是不是过于狂了一点？过于锋芒外露了？这样的人，谁能跟你打交道啊？你不能跟别人打交道，怎么能成就事业呢？传说——关于左宗棠的各种趣闻、传说挺多的，真实性也很难考证，不过反映出人们对这一"奇才"的敬仰和理解——他碰到一位高僧，一位禅门大德。高僧交谈之下，发现这是个难得的奇才，但当前存有误区。于是就用《周易》里的道理，"潜龙勿用""见龙在田，利见大人"来点破他，给他写了四个字，是"隐忍、借力"。"潜龙勿用"，形势不利，时机未到的时候，需要"隐忍"；时机到了，也不是你一个人就能打天下的，一定要借助周边的资源和力量，就是"利见大人"。一语惊醒梦中人，左宗棠一方面保持自己高远的志向，一方面调整姿态，终于在各方面"大人"的支持、帮助下，脱颖而出。后来，他又写了一副对联，表达他对社会、人生的辩证的看法："发上等愿，结中等缘，享下等福；择高处立，就平处坐，向宽处行。"这种辩证的思维方法，是和刚才我们介绍的《周易·乾》卦里的人生哲学非常贴合的。

我们再找两个反面的典型。

先说一个古人，这可是现在万人景仰的人物，我来谈他的人生教训，朋友们可能有点意外。这个人就是关公，关羽关云长。

现在关羽在华人文化圈里可不得了。经商的，店铺里触目皆是关帝的像。不知从什么时候开始，他成了武财神——关二爷当初可是挂印封金，不爱财的啊。道教那边，他是"伏魔大帝"；佛教那边，他是"护法伽蓝"；儒家那边，他是"关圣帝君"。三教通吃，历史人物中一人而已。他的事业顶点是水淹七军，消灭了曹操的一个大集团军，活捉了统帅于禁，斩杀了猛将庞德。这是曹操自赤壁之战后最大的一次挫败。当时曹操觉得无人可以抵挡关羽，竟提出了首都北迁，来躲避关羽。这时，有个老奸巨猾的谋士提出不同看法。这个人就是司马懿。司马懿讲，关羽这个人胜利了，得志了，骄傲的个性就会表现，就要膨胀，那时自然就与东吴发生冲突，咱们只需等着看就可以了。结果事情的发展证明了司马懿的预见。孙权看到关羽威名远扬，就派人来商谈，要和关羽结成儿女亲家。哪知道关羽此时目空四海，呵斥媒人说："我老虎的女儿怎么能嫁给狗的儿子呢！"孙权可是一方君主啊，也是了不得的人杰。曹操夸他："生子当如孙仲谋。"后世辛弃疾多次赞叹："英雄无觅，孙仲谋处！""年少万兜鍪，坐断东南战未休。天下英雄谁敌手，曹刘！生子当如孙仲谋。"你关羽再了不起，也不能傲慢到这种程度。于是，激起孙权莫大敌意，用了陆逊、吕蒙的计策，使关羽败走麦城，终于掉了脑袋。这是典型的"亢龙有悔"。关老爷这条龙，前面一段太顺利了，太得意了，终于"有悔"。

我们看看孔子对于这种情况是怎么说的。以下是很有名的一个典故，很多古代的文献里都有记载：孔子到鲁桓公的庙里去，看到在君主的办公桌右侧有一个小茶几，茶几上放着一个容器。古人有一种很好的习惯，就是在座位右边写一句话，就是通常说的座右铭，在某些方面提醒自己；或者放个东西，也是蕴含着一点什么哲理性的提醒。这种好传统就叫作"置之座右"。孔子看到这个容器歪了吧唧地在那儿放着，就问，这是个什么？回答叫"欹器"。孔子说，有什么用处？庙里的工作人员就往容器里注水。水一进去，这个"欹器"就逐渐立起来，等到水注了一半多大概三分之二，"欹器"就立直了。接着继续倒，一倒满了，"啪"地翻了，水全洒了。您明白了吗？孔子说："我明白了，这叫'持满之道'。它给我们一种人生的启发，就是告诫你不能自满，不能傲慢。越聪明的人，平常不要卖弄你的聪明。功劳越大的人，一定要谦让。非常勇武的人，平常要做出一种有几分胆怯的样子。非常富裕的人，你一定要谦虚待人。这就是这个器具给我们的启发。"这个道理，有孔子的一个现代的老乡也说过："世界上的事儿最忌讳是十全十美。说是十全十美，实际上是开始走向反面。"说话的人，大家都认识，就是莫言。莫言说得更通俗些，但是意思跟孔子一样。而孔、莫说的，又都是跟刚才《乾》卦里涉及的哲理相通。

好，《乾》卦就讲这么多。借此我们把前面所介绍各方面的基础知识综合性地回顾了一下。这样，大家对于"什么是《周易》"，就可以有比较具体、清晰的认识了。

可能有的朋友会有感叹，你看，《乾》卦多么严整，多么清晰，多么深刻，《周易》真是了不起啊！这话只对了一半。对《乾》卦的称赞是对的，对《周易》的称赞也是对的。中间的推理却是不完全对的。什么意思呢？《周易》六十四卦，可并不是都像《乾》卦这么严整，这么清晰的。我们下面就举另一种类型的卦，让大家有更全面、更准确的认识。

卦例分析：《屯》

这个例子，就是排在第三位的《屯》卦。

前面提到过这个卦，但没有细说。现在，我们也像分析《乾》卦一样，逐爻分说一番。

先解释一下这个"屯"字。这个字在这里应读如"谆"，意思是"艰难"。从象形文字的角度说，这个字像一颗种子在地下艰难地钻出来。这个意思倒是和此卦的卦义相合。当然，现代也有学者认为何必如此呢，就读"豚"好了，蘑菇屯、皇姑屯的"屯"，

《屯》卦

卦义就是发生在一个屯子里的各种事情。这种理解似乎过于浅近了一些。

卦辞是："屯：元、亨、利、贞。勿用，有攸往。利建侯。"这个卦整体都是讲的艰难境地，卦象是下震上坎。大家看：这个屯卦的下卦，"震仰盂"，这是震，象征的是雷。上

屯𡴁，難也。象艸木之初生屯然而難从屮貫一一地也尾曲易曰屯剛柔始交而難生 陈㑪

《说文解字》书影

边呢，"坎中满"，坎是水，引申一下就是雨。上面大雨滂沱，下面雷声轰鸣。所以《象辞》说是"动乎险中"，也就是充满了风险的。那么卦辞为什么会有"元、亨、利、贞"的说法呢？这和卦象的双重意蕴有关，也和卦辞最后一句点题的话"利建侯"有关。我们先来看《象辞》："云雷《屯》。"就是"乌云和雷碰到一起，构成了屯卦"。再来看《象辞》："天造草昧。""草昧"就是草木。大家看，左边这个图是《说文解字》的书影。它怎么说的呢？"屯，难也。象草木之初生，屯然而难。从中，贯一。一，地也。尾曲。《易》曰：'屯，刚柔始交而难生。'""屯"字，象征草木刚刚要发芽的阶段，上面这一横就是地平面，底下一个弯是两片子叶，尾部弯弯的是植物的根。种子要发芽，还没钻出地面，刚露了个头。上天要让草木发芽就得下雨，不下雨

干死了出不来。可是下雨伴随着雷电，这就不会平静，就叫作"动乎险中"。在风险中运动，可以带来发展的机会。所以，《象辞》又说"君子以经纶"，就是要求领导者按照这个道理规划你的事业。至于"宜建侯而不宁"，则是强调"适合开创新的事业，但是不会平静得一帆风顺"。由于整个卦的出发点是发展，发展是硬道理，所以，是一个好卦，是"元、亨、利、贞"。

我们再来看具体的爻，从下向上。

第一爻，"初九：磐桓"。"初九"，这意思都一样，最低位是阳爻。"磐桓"，这个就有各种不同的解释了。较为普遍的解释就是以石块垒成的矮墙头，或者说是盖房子打的地基。《象辞》的解释是："以贵下贱，大得民也。"这也有点叫人摸不着头脑。为什么叫"以贵下贱"呢？它的意思是说这一个阳爻，上面压着三个阴爻。阴和阳相比，阳是贵的，它让三个阴爻压着它，它还不生气，很谦虚，于是就得到大家的拥护。这是"初九"，盖房子打地基，大石块垒的矮墙头。

再看，第二爻。按道理说你继续往上垒墙啊，但它不垒了，换了情境。"六二"，"二"是第二个位置，"六"是阴爻。我们来看这个爻辞："屯如，邅如，乘马班如。匪寇，婚媾。女子贞不字，十年乃字。"像三段押韵的小民谣，节奏感挺明显，而且是描述了一个事件。事件是通过叙事与对话描述出来的。"屯如，邅如，乘马班如。"意思是一个马队从远方过来，忽然不走了，原地盘旋打转。这是些什么人呢？这个部落的酋长就叫人侦察侦察，回来报告说："匪寇，婚媾。""放心吧，不是强盗，是迎亲的队伍。"酋长就说："女子贞不字，十年乃字。""咱们这部落里有一个老姑娘，条件很好，但是眼界过高，现在是'剩女'，谈婚论嫁十年了还没嫁出去。现在，看起来是她的迎亲队伍来了。"这一条就跟我们说的第五种情况相似，就是讲了一个事件、一个故事，但是不确指时间、地点和人物。这一条爻辞的意思落到哪里呢？是不是虚惊一场的意思啊？但是这和前面的大石块垒矮墙头又有什么关系呢？

再往下看，"六三"，第三个爻位上还是阴。爻辞是："即鹿无虞，惟入于林中，君子几，不如舍。往，吝。"情境又换成打猎了。"即鹿"，追逐一头鹿。"无虞"，没带向导，"虞"是守林人，没带看守林子的那个小官。主人公一箭射到鹿背上了，这鹿就窜到树林子里去了，"惟入于林中"。我追还是不追？我要追呢，这林子里边黑洞洞，谁知道有没有毒虫猛兽啊？有风险，隐藏着看不清楚。不追，这鹿跑掉不算，鹿身上还有自己的一支箭呢。斟酌半天，"君子几"，"君子"就是我们说的精英骨干，也就是这一条爻辞里的主人公。他挺机灵，见机而作。"不如舍"，鹿我不要了，箭我也不要了，不冒这个险。"往，吝"，你要真的去了，就会吃个亏。又是一个没头没尾的故事，不确指，没有时间，没有地点。我们刚才讲了，这种东西都是通过类比的方式，来发现其中的含义。这个含义就是：你面对一种选择，又有诱惑又有利益又有风险，但是你没有准备好，所以应该断然放弃对诱惑的追求，规避风险。问题是，这么讲挺好，可是跟前文的垒墙头呀、娶媳妇呀又有什么关系呢？

接下来，"六四"，又回到迎亲这个情境来了："乘马班如，求婚媾，往，吉，无不利。"可以这样解释：迎亲的队伍在那儿打转。为什么打转呢？这个新郎官有点怵头。可能是说："听说他们家姑娘眼界挺高，挺挑剔的，老丈人脾气还不大好，有点挑剔。"送亲的大哥就说了，"求婚媾"，咱们是来求亲的，这是好事儿，兄弟你大胆地往前走，"往，吉，无不利"。这是又回到迎亲一事来了，但和第二爻换了个叙事角度，变成从迎娶一方来看，来讲了。

下面是"九五"，又不是迎亲的情境了，爻辞是："九五：屯其膏。小贞吉，大贞凶。""九五"，阳爻到了第五个爻位。"屯其膏"，"屯"在这里当"吝惜"讲，"膏"是肥肉。情境变成经商了，做食品生意。好像是说，假如你有十个大冷库，里边都是很好的优质的猪肉。忽然发现市场开始新的一轮通货膨胀，物价往上走，你就惜售了，不拿出来卖，囤积居奇。"小贞吉，大贞凶。"这个"贞"在这儿读"占"，为小事占卜，这个事有好处。"大贞凶"，你这经商的路数不对，商业道德不行，叫工商部门发现，罚你一下子就够呛。这一爻的情境变成做生意了，又是一个故事型爻辞，需要类比来理解。《象辞》的解释是："施未光也。""光"就是"广"，意思是你有资财却不能广施恩泽，所以后果很危险。

再往下看，情境又回到娶媳妇这儿了："乘马班如，泣血

63

涟如。""泣血涟如",哭得眼泪都干了,眼眶中往外滴血,可以说,新姑爷前面的顾虑不是没道理的,现在叫女方轰出来了,很伤心,可又舍不得走,马又在打转了。象辞说"何可长也"——可怜的小伙子,恐怕活不长了。

怎么来看待这个卦呢?

它和《乾》卦有较大的差别,六个爻位描述了四种情境。四种情境彼此间似乎看不到联系。这和《乾》卦六爻成一序列,逻辑清清楚楚明显不同。六个爻里,二、四、六是连得起来的,讲一个迎亲的事情,有头有尾,但是也不是具体历史事件。而中间还穿插着盖房子、打猎和做生意。这四件事,每一个单看,我们都可以通过类比悟出一些道理。可是怎么能把它们连上呢?

为什么要举这个例子?是因为《周易》六十四卦,每卦六爻的内部结构大体是两类。一类像《乾》卦那样较为清晰地能连到一起,各爻之间有有机联系;一类就是这种,看起来连不到一块。这种卦应该怎么理解呢?这又可以分两个思路。一个思路是说这些都能连起来,连不起来是你道行不够。比如,南方有一个老先生写了一本书《周易辨原》,写得挺好,这么厚,精装的。前几年出的,出了就寄了一本给我,我一看就乐了。我乐了没有不尊敬他的意思,就是彼此思路不一样。他每一卦的六个爻都能连到一起,内在的逻辑还都能给圆起来。比如这一卦,怎么能圆起来呢?老先生对每一爻的解释和我这个解释基本一致,但是怎么能让它六个爻成为一个有机的整

64

体呢？他说，很简单，前面那个卦名你别读"zhūn"，你就读"tún"。就是蘑菇屯的"屯"嘛。这就是发生在这个屯子里的各种事情，有人做买卖，有人娶媳妇，有人打猎，这不就成功了吗？这样讲也不是没有道理，但是我是不太同意的。我以为，这一种思路不能够给我们增加新的知识和智慧，还有一些勉强。

按照我的理解，这第二种情况，在《周易》里其实很多。怎么理解和怎么评判呢？先说理解。刚才我说了，传统的说法，《周易》是周文王推演出来之后，讲给他儿子听；周公整理了然后写出来。可是我说了，这是有传说色彩的。实际上，《周易》的成书过程应该是漫长的世代累积的过程。每个部落都有自己的巫师，有自己的酋长。通常酋长兼着巫师，也就是说部落有事他要占卜。只要占卜，就免不了有时候"灵"有时候"不灵"。"不灵"的以后就不提了，哪一次如果"灵"了，肯定会把占卜记录保存起来。这些"灵"的东西慢慢就会存起来，而部落在兼并过程中，这些都是重要的文献档案，就会越攒越多。文王和周公，他们做的工作，实际是在前人工作的基础上归纳整理。我想他们做的贡献首先是整理出了六十四卦整齐有序的符号框架。然后，在解释这些符号时，就要借助已有的材料了。至于把哪些文字附上去呢，那些历年攒起来的"灵"记录肯定有优先权，也就是在原来"档案"里挑出很多东西加以整理附着上去。那么有的时候挑的是较为完整的一套，就是像《乾》卦那类的，上下原本就连着的。有时候从这个部落的"档案"挑两条，从那个部落的"档案"挑两条，于是，彼此就不连接了。同在一个卦里，但是它们来处不一样，那就不一定有关联了。

这种情况应怎么评价呢？

首先，《周易》本来就带有神秘文化的属性，它的内容本就不是完全能够"以常理度之"的。如果其中的内容都是一眼就能看透的，神秘性降低了，它那种特殊的魅力可能也会随之降低。因此，从阐释学的角度看，似乎在可解不可解之间，恰好保证了因神秘色彩而对读者产生的吸引力。

其次，尽管表面上不是关联紧密，并不排除内里具有某种一致性、相关性。就以《屯》卦的六个爻而论，情境似乎是风马牛不相及，但骨子里反映出的神髓却隐隐相呼应。二、四、六爻讲迎亲，连到一起，告诉了我们什么呢？迎亲是生活的一个新开端，但过程并不顺利，充满了挑战；最后由于处理不当，反而以失败告终，不能实现初衷，不能建立新的家庭乐园。初爻的以大石块打地基垒墙头，也可以理解为，"尽管从一开始就受到压制（'以贵下贱'），但打好基础，乃是建立新基业的开端"。三爻的打猎、逐鹿、放弃，也可以看作是在风险面前，冷静地应对的一种象征。五爻表现出对贪小利者的鄙视，指出贪小利者必然造成对于远大目标的损害。而这六爻骨子里的神髓，岂不恰恰与卦象、卦辞的"风险创业"思想有了呼应、互动吗？

"阴""阳"看世界

咱们这个书院真不错，大家平时读了不少书，也思考了不少问题。我们社会的"君子"——精英骨干要是都能这样，那真是国家幸甚，社会幸甚，民族幸甚！而且，读书、思考，不仅能提高我们工作的水平，也是提升人生的质量和生命的质量的一条必由之路。我们有缘，就互相勉励着走下去吧。

现在开始讲《周易》中的哲理，《周易》中的人生智慧。分析《周易》中的思想、哲理，有两个不同的路数。前面讲过的，这里还是要再说几句。一个路数是易学家之易，就是严格区分《易经》与《易传》，经归经，传归传，不同时代，不同背景。这样讲的结果，《易经》基本蜕变成纯粹卜筮之书，很少有深刻的思想。《易传》则脱离了符号系统，失去了论述的根基以及表述上的鲜明个性，混同于先秦诸子的一般书面著作。前面我们讲了，虽然《易经》和《易传》不是同时写的，但两千多年里，古人理解《周易》都是按照"传"的思路进行，所接受的也是"经传一体"的《周易》。这已经成为传统文化重要的一个方面了。所以我们的态度是，《周易》的"经"

和"传"就按照传统视为一体，下面讲的这个《周易》中的人生智慧就是整体的观照，基本观点也是采取传统的说法，后面我就不一一说明了。

讲《周易》中的哲理、智慧，先要从"'阴''阳'看世界"说起，这是个纲。

《周易》的第一个特点，就是把世界给抽象成阴阳，然后再讨论阴阳之间的关系*。这种思维方法，作为一种纲领对于我们理解《周易》很重要。按照《周易》的说法，"一阴一阳之谓道"，"易简而天下之理得矣"。"道"在中国古代思想系统中，是一个最高的存在，而且还有"规律""原则"等含义，甚至带有理想色彩与价值判断功能。通常所说"得道多助，失道寡助""无道昏君""替天行道"等，都透露出这方面的信息。所以，"道"很重要，很崇高。而按照《周易》的说法，这个"道"就是表现为阴阳的关系，这是个基本大原则。整个《周易》六十四卦，三百八十四爻，阴爻、阳爻各一半，说明在《周易》的系统里，是讲究阴阳平衡的。然后每一个爻位上，阴、阳出现的次数各三十二次，每个位置上的阴阳也是平衡的。那么，所谓"阳"到底是什么呢？"阴"又是什么呢？要是下个定义还真是不好说。大体来说，"阳"就是能动性更强的，刚、动、强、生长、扩张，等等。"阴"就是反过来，柔弱的、安静的、沉寂的、收缩的，等等。作为一种器质性的存在，就称之为"阴阳"，"阴阳"的功能性表现就称之为"刚柔"，"阳"对应"刚"，"阴"对应"柔"，所以就有了"阳刚""阴柔"这样常用的语词。所以说，刚柔相推。阳和刚其实指同一个东西，角度不一样而已。"阳刚"与"阴柔"兼顾了内在器质和外在表现，所以流传甚广。

古人对《周易》中的阴阳思想，领悟之后，形成了一种集中的表现形式，就是所谓的"太极图"——俗称"阴阳鱼"。这个太极图，《周易》里面没有，是宋朝人开始初创，到清朝最后定型成这样。其实，宋朝人画得也差不多，但是没这个漂亮，它有些地方有棱有角。经过打磨，逐渐成了这个样子，真是漂亮！形式和要表现的思想内涵达到了融合无间的程度。大家看，总体为圆形，中间是一个"S"形的光滑的分割线，分成了黑白两部分，白就是阳，黑就是阴，但是白的里面有一点黑，黑的里面有一点白，好像两条小鱼环抱在一起，所以又俗称"阴阳鱼"。

太极图

这个图虽然不是《周易》固有的，但却浓缩了《周易》里阴阳的思想。融合了哪些呢？首先，阴和阳是相对待的。注意，我不说相对立。相对立就时刻处于冲突状态，相对待是不同的，性质是相反的，但是并不意味着时刻要冲突。相对待同时意味着相依存。没有你就没有我，没有我就没有你。如同说黑夜与白天，性质是相反的，但并不冲突。而如果黑夜消失了，那白天这个概念也就无意义，也就不会存在了。男人和女人，性别是相反的，但假如到了女儿国，而且与世隔绝，那女儿国这个概念也不会有了，因为女儿已经全等于"人"了。这个图的好处之一，是把阴与阳通过"S"形分割线紧紧地环抱在一起。假如，这个图不是这么画的。比如说来个命题作文式的："你给我画一个图，显示两种相反又相依存的性质。"假如是我，说不定会画一个长方形或正方形，中间来一道儿隔开，一半黑，一半白，整整齐齐，界限分明。那感觉和这个图可就不一样了。或者虽然是一个圆形，但中间来一条直径，一半黑，一半白，整整齐齐，界限分明。感觉同样很不一样。这个光滑的"S"形线显得阴阳是环抱在一起的，相互依存感很强烈。另一个突出的好处是，白里一点黑，黑里一点白，这强调的是包含。虽然是阳，里边有阴的潜在因素；虽然是阴，里边有阳的潜在因素。这个思想是很深刻的，为矛盾的转化找到了深层的原因——自身包含着相反要素潜在的因子。而且这样来描画，就产生了动态的感觉。比如说，我们拿一年四季的转换来做比喻：拿季节的标志来说，热就是阳，冷就是阴；拿每一天来说，白天是阳，晚上就是阴。好了，来看这个太极图：最上面这个最宽的地方，是白的，我们可以解释为夏至。此时光照最强，白天最长，阳气最盛。我们去看日历，夏至不光标识为哪一天，而且是那一天的某一个小时的某一分的某一秒，这是严格的"夏至"，瞬间就过去了。阳最盛的时候就是一瞬，而此时那个"黑鱼"的尾巴尖就开始有了，阴就开始滋生了。到了最下边，到冬至了，夜间最长，阴气最盛。这时候，白鱼的尾巴尖就又出来了。季节就是这样一个循环往复转化的过程。这种思维方式就是告诉我们，一定要知道相反因素——阴阳的相依存，避免看问题的片面；知道阴阳之中的相包含，可以避免绝对性；知道阴阳可以转化，就避免了静止的思路。这是《周易》里面的原话："穷则变，变则通。""穷"可不是没钱，是"山重水复疑无路"的"穷"，是此路不通，不通就要改革。改革就会出现新的可能性，出现新的通道。那么知道这些——阴阳的相对待、相依存、相包含、相转化，我们怎么办呢，做什么呢？就是调和阴阳，避免失衡状态的出现。

这样的思维方式具有普适的意义。我们随便举一个例子，用一个现代物理科学的新成果做一种触类旁通式的印证。大约一个月前，颁布了新一届的诺贝尔物理学奖，颁给了两个人，其中一个叫希格斯。因为他预言了"上帝粒子"。"上帝粒子"是2012年7月在欧盟的一个实验基地发现的。这是很大的一个研究团队，在地下近200米的深处拥有27公里长的超强粒子碰撞的设施。他们发现了"上帝粒子"。而这"上帝粒子"是希格斯在几十年前预言的，叫"希格斯玻色子"。"上帝粒子"是人们给它起的一个比喻性的名字。用最通俗的说法，我们过去讲物质是由分子组成的，分子往下说，原子，原子再往下说，是质子、中子和电子，过去就说到这儿。现在再往深处说，是超微粒子。这是不是最小，现在有争论，这就是所谓"夸克"。当然也有更细分的，上夸克、下夸克，等等。这个超微粒子在前面几十年里，陆陆续续发现了六十一种。这六十一种，咱们打一个通俗的比喻，都是一顺儿的。意思是尽管发现这六十一种，但不能解释世界物质存在的那个最基本性质，就是质量。我们描述一个物体常常说到的是重量，而决定重量的是质量，这各位都知道。但质量是怎么来的？过去我们只能说是"固有的"。这其实不能叫答案。但这确实是一个十分困难的问题。以至于深入到超微粒子这一层，从已经发现的这六十一种夸克里都解释不了。现在发现了"希格斯玻色子"，就接近于解决，接近于把万事万物最根本的属性给出了解释。打个比方说，它是反向的，在"希格斯玻色子"形成的场里，原来这六十一种的超微粒子的运行是和它逆向的。逆向就互相发生作用。发生作用的程度就决定了质量。当然我这是用最浅近的理解来说这个事儿。是想说明什么呢？就是最新的最尖端的科学，它所包含的道理与古老的"阴阳观"的最基本的原理是相通的。"一阴一阳之谓道"，正是在相反倾向的共同作用下，实现了整个大千世界的存在。

有朋友可能要质疑了："你阴呀阳呀说这一大套，都是你陈某归纳出来的，人家《周易》是不是这么说的呢？"好，我们就来看看《周易》中对这方面是怎么说的。

我们举个例子来看，《睽》卦。"睽"者，违也。说咱们俩分手了叫睽（睽）违。"睽违多日"，分开多天了。大家看看

72

《彖辞》和《象辞》。"二女同居，其志不同行。"两个女性，没有阴阳的差别，假如她们俩组成一个家庭，反而不能想到一起去。在实现家庭的基本功能上，她们想不到一块去。"天地睽，而其事同也。"天和地是相反的，一阴一阳，但是在一起化生万物。"男女睽，

《睽》卦

而其志通也。"男女是相反的性别，组成一个家庭，他们在实现家庭的基本功能上反而想到了一起。"万物睽，而其事类也。"万事万物都不一样，在这点上就是大同小异了。《睽》之时用大矣哉！"相反，有区别这个道理太重要了，"君子以同而异"，所以一个领导者一定要明白这个道理，你要实现"同"，你得先认可"异"，在不同中实现同。

我们再换一个角度，从国际视野里来看，光是阳怎么样？"过刚则折"；光是阴，则"过柔则废"。我去年到我们一个邻国去，这个国家的首都，街头随便摆摊儿，没有城管。没有城管也有好处，没有冲突，但是实在是乱得不像话了。大家看PPT，这是有名的一个文化景点，每一个栏杆缝里都有一只乞丐的手臂，守在那里讨饭。这是哪个国家？印度。我去之前，一个朋友跟我说你去实地考察一下，都说"龙象之争"，说印度很快就会赶上超过中国，超过美国，成为世界第一。我去看

了之后，我说这是个伪命题。第一，它的基础设施太差了，不可思议。第二，它的管理太差了，"过柔则废"，基本没管理。再举另外一个例子，另一个文明古国，大家一看就知道了，金字塔，旁边一个骆驼。这都是我拍的，这都不是网上下载的。你要把这张照片放大来看，这个骑着骆驼的人是背着自动步枪的。我这是六年前去的。开罗街头国家博物馆门口停着装甲车。我去开罗大学，校门前仨门卫全背着半自动步枪。当时的埃及完全靠强力来管理。结果呢？"过刚则折"，把穆巴拉克整笼子里去了。《亚洲时报》前年有一篇评论讲到中国，谈中国对外政策时特别强调中国的传统文化，认为这种潜移默化的影响使得中国政治家处理问题的时候往往刚柔有度，阴阳结合。举出当年中越的边界冲突，你该打得打，打到一定程度，该收就收回来了。假如我们不收回来，我们现在在越南打进一百多公里，还驻上二十万军队，是不是会很被动？当年苏联为什么解体，一个重要的因素，二十万大军困在阿富汗，困了十几年，耗尽财力，外交也很被动。中国人对这种事儿，往往会比较辩证，就是阴阳结合、刚柔结合的道理想得比较明白。还有这是美国人去年年底写的一篇文章，专门呼吁奥巴马，说要了解中国阴和阳的道理。阴阳达到和谐，这是很好的状态，你一味只有侵略性的阳是不太合适的。当然这也不是多重要的文章，但是说明了至少世界范围内也有人从这个视角来看问题。

"交""通"说《泰》《否》

　　接下来，我们讲两个重要的卦，题目呢，有点怪："《周易》中大智慧之对'交''通'的追求"。不过，这个"交""通"和红绿灯一点关系也没有，倒是和这句话有关——"三羊开泰"。一到羊年，图个吉利，送朋友一张画，过去送挂历，封面都是三只羊，有犄角的，不管山羊、绵羊、羚羊，只要是羊，是三只，就很吉利。这是从哪儿来的？怎么会有这句话呢？其实，这是典型的"误读"成了习俗，是对《周易》里两个卦的误读。《周易》里有两个卦，一个叫"泰"，一个叫"否"。《周易》的卦都是一对一对的，从卦象上到道理上往往是相反的。"泰"和"否"，一看就是相反的。我们知道一个成语"否极泰来"。"否"，闭塞、不通，是一种灾难性的卦。"泰"，国泰民安，肯定好啊。"否"到了

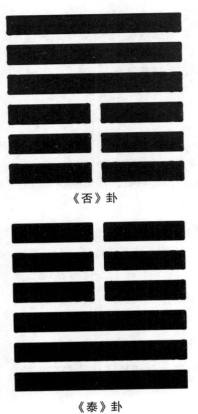

《否》卦

《泰》卦

极点就会转折，"泰"也就会来了。那么这个"泰"跟"三羊开泰"的"泰"有关系没有啊？那么这个"泰"跟有犄角的羊有关系没有啊？

现在请大家来看，这两个卦，一个是《乾》上《坤》下，也就是天在上、地在下，另一个《坤》上《乾》下，也就是地在上、天在下，大家想一想，哪个是《泰》哪个是《否》呀？什么？天上地下是《泰》，地上天下是《否》？对不对啊？这次都猜错了。天在上、地在下是《否》卦。地在上、天在下是《泰》卦。

什么道理啊？这个看起来的反常恰恰是大智慧所在。

我们已经知道，一个卦要从下往上看。我们来看这个《泰》卦，从下面来数，第一个爻位上是阳爻；第二个呢，也是阳爻；第三个，还是阳爻。也就是说，是三个阳爻开始了《泰》卦。这就是"三阳开泰"，自此国泰民安了。这与有犄角的山羊、绵羊一概无关。所以"三羊开泰"是个典型的误读。

误读的事儿澄清了，卦理上的疑问可还没解决。为什么呀？天在上、地在下多正常，怎么倒成了"否"了呢？反过来，天地翻覆反常呀，怎么是"泰"了呢？好吧，我们还是看看卦爻辞是怎么说的。《泰》卦卦辞："小往大来，吉，亨。"《彖辞》："天地交而万物通也，上下交而其志同也。"看，上面提到的"交""通"出来了。《否》卦卦辞："《否》之匪人，不利君子贞，大往小来。"《彖辞》："天地不交而万物不通也，上下不交而天下无邦也。"

我们先来看《否》卦。《彖辞》所讲是什么意思呢？"天地不交"，为什么叫"不交"呢？从卦象说，天之为物，轻清而上浮，气体嘛，轻清而上浮。地呢，重浊而下沉。天在上，地在下，天越来越往上飘，地越来越往下沉，彼此就不能沟通，就要脱节了。这当然是来比喻社会的。一个社会，总是会有不同的阶层。有强势的阶层，掌握着政治、经济权力，控制着话语权力；也必然会有弱势的、草根的阶层，在财富占有上，在各方面的权力格局中，都处于无能为力的地位。而强势的社会阶层集团，如果按照它的本性，自然就会不断地扩大自己的利益，越来越强势，就好比天越飘越高，与大地终将分离。草根阶层、弱势集团，它本来就没有资源，没有力量，如果整个社会不能有所调整，它的利益就会越来越少，它的社会地位就越来越低。结果呢，双方不能够再有任何共同的想法，无论价值取向还是理想愿景，都没有丝毫交集之处，终至于"上下不交，天下无邦"，社会要解体，国家也就要灭亡了。

接下来看《泰》卦。《象辞》所讲是什么意思呢？"天地交"，和《否》卦正相反。天，往上浮；地，往下沉——二者不是就会交会，就可以沟通了吗？有"交"有"通"，天地之间，万物都有了发展的空间。比喻一个社会，我们对于弱势集团，要想尽各种办法来提高他们存在的地位和生活条件。为什么要去建希望小学，不就是这一类的道理吗？为什么我们要在农村搞低保啊，也是这个道理。只有你做得不够的地方，只有应该更加努力，尽量去多做的道理。同时，强势集团在资源、权利、人脉上，各方面都是强势的，一定要自我约束，要谦抑，要收敛，这样对于整个社会是有利的，对于你自己的长远也是有利的。所以，"上下交而其志同"，大家对于这个共同的社会，我们这个大环境、大平台才会有共同的价值观和想法，才能够形成一个和谐的整体。

这些话都不是我今天说的，几千年前我们的祖宗借着《周易》，借着其中的阴阳平衡之道，就讲了这些话。是不是很了不起啊！

这两个卦对于当今的中国人，特别是担负着社会责任的领导人、企业家来说，引发的思考是多方面的。

这是今年年初国家统计局局长马建堂讲的一段话，讲基尼系数问题。对于基尼系数，各位应该比我还要内行，它是社会贫富分化的指数。超过某一个数值就要视为警报。马建堂分析说，和我们同类的这些国家——发展中的几个大国相比，我们的基尼系数是适中的。偏高，但是还不危险，还有比我们高的。他刚讲完没过几天，一个民间的指数分析就来了。西南财经大学的一个研究所说我们统计得到的，中国的基尼系数不是你说的 0.47，我们的数据是 0.61。假如真是如此，那我们比那几个国家（金砖国家）都高了。也就意味着，我们这个"天""地"已经有点不"交"了。

这是个很严重的问题，但是，还有比这个更严重的。今年年初，网上评选 2012 年十大流行语，榜首就是"屌丝"这个词儿。这个词其实是个非常难听的词，我都羞于出口。评完之后，当时冯小刚在网上贴了一个帖子，说很奇怪，人怎么能够如此自轻自贱，拿这么难听的词来形容自己呢？结果一批网友的板砖就把冯小刚给拍得不敢露头了。现在，我们去看主流媒体，比如各地的卫视，这个词已经堂而皇之登堂入室了。上周末我看江苏卫视，就是那个收视率很高的《非诚勿扰》，你看这些花枝招展的小姑娘，穿得也漂亮，人也精神，看着挺文雅。上去一口一个"我是女屌丝"，毫不脸红。这样一个极为粗鄙的词竟然变成社会流行语。我没有指责使用这个词的年轻人，我想他们中的大多数可能根本不知道这个词的含义。我想讨论的是，为什么这样一个极度恶俗的词，会风靡一时，成为社会流行语，而相当一部分人是用来自指自喻。这个社会心理是什么？不夸张地讲，这个词的流行，反映了一大批青年人对于现状和未来的失望甚至于绝望的心态。为什么会失望乃至绝望呢？原因当然也不是简单的一两点。但最重要可以说是社会的阶层固化——"我怎么努力也没用了","我就这德性了",阶层固化使得一大批年轻人看不到出头之日,于是破罐破摔,自轻自贱。这种社会心态就是刚刚讲《泰》卦和《否》卦时,提到的能不能"其志同",还是"其志不同",能不能让这个国家、社会有一种内聚力和凝聚力。这一方面出了问题的话,比起物质方面的问题更可怕。

今年上半年厦门发生了一个案子,以前从来没有过的,公共汽车纵火案。一个人对于自己处境不满,陷于绝望,就放一把火,把这一辆汽车上的人烧死了几十个。这被烧死的几十个人跟他无冤无仇,完全是无辜的冤魂。为什么会如此?当时网上有很多议论,有这么一条微博我觉得写得很好。这个人的做法

【厦门BRT爆炸起火案嫌疑人陈水总的自白】草民陈水总现年60岁初小文化,住厦门市局口街24号,1970年因家庭生活来源被切断,草民随全家下乡,历尽艰辛于1983回城,没有安排住房(一家10口住28平方),没有安排工作,自谋出路直至1994(40多岁)勉强娶妻生1女,穷家深口倍感拮据,96年更大厄运又至,赖以维生的摊子被取缔,(草民夜间在路边卖汤圆)草民四处求诉无门,靠亲友借货度日,这种已口支一个50公分大的玻璃柜卖麻兹,由于本小利微,勉强度日,虽有心给当权者送礼,但家贫如洗,有心无力,没多久又被取缔,无奈在某些人的白眼下打零工(因龄偏大)艰难度日,苦熬至今60岁盼能办理退休,苟延残喘,万没想到户口当年迁移过程,派出所把年龄填写错误,社保不予办理,找公安改错又到处踢皮球,草民年纪己大工作难找,数十年来一直挣扎在贫困线下,家无余粮给草民裹腹,绝望中冒昧向您求救,给条活路

草民陈水总
2013.03.07

肯定是丧心病狂,应该谴责,但是反映的社会问题是什么呢?这个被烧毁的公共汽车很像一个隐喻,其实我们都在一辆巨大的车里,假如一个人或者一群人的心理状态是如此因绝望而疯狂,我们大家——每一个乘客都有危险。所以李克强总理前不久在国务院常务会议上专门讲了要建立社会救助制度,防止困难群众冲击道德底线。我们在座的各位,虽然不会有总理那样

的权力，但也都是一方"诸侯"。当然，很小的"诸侯"。我们多多少少都拥有一些权力，一些资源，应该尽我们所能做一点事，尽可能在你的范围内改变这种固化，给努力的年轻人以上升的机会；要想办法缩小社会阶层的差距，尤其是让底层民众有基本的生存之道和未来的希望。唯有这样，这个社会才能稳定，才能真正持久发展。这就是国泰民安的"泰"。

> 目前，中国社会的总体信任进一步下降，已经跌破60分的信任底线。人际不信任进一步扩大，只有不到一半的调查者认为社会上大多数人可信，只有两到三成信任他人。
>
> 如果社会无法形成共享的价值观念，没有每个社会成员都遵守的核心价值，社会的道德体系就会失守，社会就会没有底线，社会的互信无法实现，社会进步根本无从谈起。
>
> ——中国社会科学院社会学研究所
> 《中国社会心态研究报告2012—2013》

这个问题既是利益攸关，也是良心所在，学《周易》，所得到的大智慧首先应该在这方面。

这个问题如果得不到解决，甚或越演越烈的话，那就会成为国家和社会的一个最大的危险。这个话也不是我说的。前面有《周易》讲过"天下无邦也"。今天呢，有中国社会科学院社会学研究所正式发布的蓝皮书为证。蓝皮书说，中国社会总体信任进一步下降，已经跌破了60分的信任底线。这样的话，就无法形成一个社会必须要有的共同价值观念，社会道德体系就会失守，社会行为就没有了底线，社会进步当然无从谈起。

"互信"的丧失，也是《否》卦所讲的"不交"的一个表现，或是一种后果。我们来看另一新案例，温岭医闹案。这些年，"医闹"事件频发，且呈上升趋势。也是问题很复杂，不能简单谴责哪一方。但如此频"闹"，恐怕是哪个国家都没有过的。大家看温岭这次：不过是一个鼻子的炎症没有治好，也不是多致命的病，不过喘气不太舒服而已。这个患者竟然为此捅死一个医生，还捅伤两个。深层的心理问题就是社会互信的极度失落。大家彼此不信任，甚至发展到彼此仇视，这是非常可怕的。这一点，孔子当年有一段话，很值得琢磨。他的学生子贡问他，我要到一个地方去当地方长官了，我怎么治理啊？孔子说，告诉你三条，是最基本的要求，"足食，足兵，民信之矣"。第一条，让老百姓有起码的生活条件，有饭吃；第二条，要有一定的国防，保障不受外敌入侵；第三条，要建立社会的信任感。学生说，我刚一到那儿，可能能力不够，轻重缓急怎么办？孔子说，如果不能全办到，只好先"去兵"，国防缓一步。学生又问，如果力量上还不能一下子全做到呢？孔子说，"去食"。宁可经济发展稍慢，也要建立起社会的互信——"民无信不立"。社会彼此的信任，大家的共识，这是一个社会最可宝贵、最重要的东西。

子贡问政。子曰："足食，足兵，民信之矣。"子贡曰："必不得已而去，于斯三者何先？"曰："去兵。"子贡曰："必不得已而去，于斯二者何先？"曰："去食。自古皆有死，民无信不立。"

——《论语·颜渊》

中国的历史特点就是王朝的周期性兴替，一般是二百年左右一个周期。一个王朝一二百年就走向衰亡，成为无可逃避的宿命，原因是什么？可以找出若干条，各朝还有所不同。但有一点应该是具有普遍性的，就是社会的贫富分化越来越大，弱势的群体忍无可忍，终于揭竿而起。到了弱势阶层来改变现状的时候，对于当时的社会绝对是毁灭性的事情。晚唐大乱，有诗描写道："内库烧为锦绣灰，天街踏尽公卿骨！"整个社会的文明程度也随之大踏步倒退。怎样才能避免这一类的悲剧呢？《周易》告诉大家，强势的一方要主动容让。这是避免弱势群体无路可走时的"鱼死网破"悲剧的可能性选择。这也不是我加给《周易》的，我们之后来看一个有趣的例子。

和谐说《咸》《益》

　　《周易》不仅指出了社会可能出现的问题，而且对于如何解决问题也有可以借鉴的思路。这就在《咸》卦之中。《咸》者，感也。这《咸》卦怎么构成的呢？我们看一看，下面是什么？"艮覆碗"。《艮》的基本比喻是山，山还能再引申为什么呢？我国台湾地区有一首民歌《阿里山的姑娘》中有一句，"阿里山的少年壮如山"，《艮》还可以比喻少年男子、大哥。上面是《兑》，"兑上缺"，象征湖泊、湿地，一种静态的水。那首歌歌词还有一句，

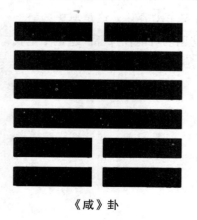

《咸》卦

"阿里山的姑娘美如水"，《兑》可以引申比喻女子，比喻小妹。男子和女子一起构成一个家庭，而这个家庭的特点是，女子在上，男子在下，这就是这个卦的特点。《咸》者，感也。什么是"感"？彼此相互沟通、感应产生感情。我们来看卦辞怎么讲的。

《咸》卦卦辞讲："《咸》，亨。利贞。取女吉。"这是个很好的卦，前面是"亨"，后面是"吉"。如何又"亨"又"吉"呢？卦辞是说"取妇"之时。这个"取"字其实就是"娶"，也就是说在"建立家庭"的时候，这个卦的意旨会帮助你大吉、亨通。

这一点，看一看《象辞》就更清楚了："《咸》，感也。柔上而刚下，二气感应以相与。止而说，男下女，是以'亨，利贞，取女吉'也。天地感，而万物化生；圣人感人心，而天下和平。观其所感，而天地万物之情可见矣。"这段话有三个要点：一，这个卦的核心是"感"，包括感应与感情两方面含义。二，建立家庭，男性要有"下"的姿态，这样的家庭容易产生感情，家庭前景大吉。三，以小喻大，这个卦的原理可以用于社会，取得"天下和平"的效果。

具体的解释呢？《周易》是通过卦象与卦义相结合来说明的。

"柔上而刚下"，"刚柔"与"阳阴"在《周易》中往往是等义使用。当然，细微的差别是有的。"刚柔"较为偏向于外在表现，"阳阴"较为偏向于内在本体。这里的"柔上"，就是"阴性的卦在上"，《象辞》的解释就是在家庭中"女性在上面"。相应地，"阳刚"在底下，就是男性在家庭中表现为谦下。这样，就可以"二气感应以相与"，就能够沟通共处。阴柔在上，阳刚在下，就可以很好地感应、沟通，这样的思路和《泰》卦的"交、通"思路是一致的。感应了，就产生了感情，家庭关系就和睦、协调，所以说"男下女"，"娶女吉"。

在家庭里，尤其在农耕文明条件下，男人肯定是强势的——生理条件，生产中的作用，都决定了这一点。《周易》告诫的是：你越是强势，在家庭里你越要采取一种谦和的态度，要尊重、提高女性的地位——"男下女"，于是"娶女吉"。晋代研究《周易》最有名的人叫王弼，把这话说得更透："柔上而刚下，感应以相与，夫妇之象莫美乎斯！"一个家庭里最好的状态就是如此。但这就有问题了，朋友们会疑惑：不都说中国封建时代男尊女卑，封建社会地狱十八层，妇女压在最底层吗？你怎么这样说呢？这是只知其一不知其二。中国传统文化有一个特点，就是从总体来说不走极端。封建时代肯定是男尊女卑的，《周易》中的性别观也是如此。但是它基本不走极端。你看《红楼梦》，这是写实性很强的小说，书中贾府里的最高权威是贾母呀。要是按照"夫死从子"的说法，贾母应该听贾政的。贾府里最高权威应该是贾政。但是书中不是，贾母是"老祖宗"。贾母一生气，贾政吓得浑身乱抖。所以古代的性别文化不是走极端的。不光是《周易》，比如《老子》。《老子》甚至比《周易》更多地推崇女性。再像《礼记》，完全是讲礼法的，你看它怎么说的："（夫妇）共牢而食，同尊卑也。"夫妻在一起吃饭，尊卑是相等的。国家、国家，家国一理，在家你要孝顺父母，在国你就要忠于君主。同样道理，讲家庭，"男下女""娶女吉"，强势的一方要主动多容让，这是理想的和谐境地——"夫妇之象莫美乎斯"。同样的道理，作为一种哲理，也适用于整个社会和国家。也就是说，解决社会因财富、地位、机会的不均等导致的分裂，需要强势阶层主动做出调整，有所容让。这也是《周易》很宝贵的家庭观念/社会思想。

类似的思想主张还表现在其他卦爻辞之中，如《损》《益》二卦。《益》卦的《彖辞》讲：

> 损上益下，民说无疆。自上下下，其道大光。
> 天施地生，其益无方。凡益之道，与时偕行。

大意是说，损减上方权贵利益，增益下方的小民。由上方的强势阶层主动地向下方的弱势阶层表达谦让，这是十分光明正大的政道。天地生育万物，不分疆域地增益、帮助万物。这样的增益之道，是随时都应该推行的。

《损》卦本属《益》的反卦，但在这方面也表达了类似的见解。其《彖辞》说："损下益上，其道上行。"意思是那些损减下方小民利益，增加上方权贵的份额，这是由上方的权贵制定的法则。但这种情况是会出问题的，所以要调整，"损刚益柔有时，损益盈虚，与时偕行"。大意是应该适度损减强势一方，增益弱势一方，这要根据当时的形势来决定。

而《损》卦的《象辞》则说："君子以惩忿窒欲。"强调统治者应借鉴卦理节制自己的情绪与欲望。

可见《周易》是把调和社会矛盾的责任放到明智的统治者身上。

其他卦例

　　《周易》中的人生智慧表现在方方面面，上面所讲只不过是举例而已。由于时间的关系，我们不可能讲得太多，这里再简略地介绍几个不同角度的卦例，大家回去自学时，不妨循此思路举一反三。

　　《革》的《彖辞》讲："水火相息。二女同居，其志不相得，曰'革'。""天地革，而四时成。汤武革命，顺乎天而应乎人。《革》之时大矣哉。"大意是说此卦下为《离》，象征火；上为《兑》，象征湖泽。两个卦都属阴，象征两个女性同居组成家庭，日子长了作为家庭成员她们的想法彼此不相洽，久必生变，所以叫作"革"。天地变革，而四季更替的秩序得以形成。商汤与周武革命，顺天应人成功推翻了暴政。《革》卦应时而动的意义太大了。这一卦对"变革"的必然性与积极意义作了充分肯定，把人事的变革同自然的规律相联系，增强了论说的说服力。

　　同样出现"顺天应人"提法的还有《兑》卦的《彖辞》："说也。刚中而柔外，说以利贞，是以顺乎天而应乎人。说以先民，民忘其劳。说以犯难，民忘其死。说之大，民劝矣哉。"

大意是说，"兑"是喜悦的意思。上下卦的中位都是阳爻，而阴柔居于其外，喜悦并且"利贞"，因此顺乎天道而应和人心。用使民众喜悦的方式引导其前进，民众就会忘记辛劳。用使民众喜悦的方式带领民众共赴国难，民众就会忘记死亡的威胁。推广"悦民"之道，民众都会努力跟随你了。这虽然有"御民之术"的味道，距离"民主"还很远，但在当时的历史条件下，强调统治者要注意民众的情绪、感受，要调动民众的积极性，还算是难能可贵的。

再来看《丰》卦。其《彖辞》讲："日中则昃，月盈则食。天地盈虚，与时消息。而况于人乎！况于鬼神乎！"这是告诫统治者，不可骄傲自满，指出自然与人事都有盛衰循环。这对于促进仁政、抵制暴政无疑是有益的。

《贲》卦则对"文"的意义做出了经典性的说明："刚柔交错，天文也；文明以止，人文也。观乎天文，以察时变；观乎人文，以化成天下。"这对于后世重视文化教育是有积极影响的。

《谦》卦《象辞》讲："地中有山，《谦》。君子以哀多益寡，称物平施。"大意是说，这个卦的卦象是地下有山，象征社会财富的"不平"。统治者要借鉴卦理取富济贫，要衡量财物的多少公平施予。这也可以看作是实施仁政的理论基础。

诸如此类，《周易》中涉及社会、政治、经济等方面的论述、主张，颇有精辟、深刻之处。我们应采取"萃取、激活、兼容、发展"的态度，汲取有价值的思想基因，提升当代思想文化建设的水准。

"健""顺"看人格

　　《周易》中的大智慧既有关乎社会的，也有关乎个体生命、人格修养的。下面，我再就《周易》中做人的道理举例来介绍一下。

　　宋朝有一个研究《周易》的人叫朱鉴，他说："《乾》《坤》只是一个'健''顺'之理。人之性无不具此。'虽千万人，吾往矣'，便是'健'；'虽褐宽博，吾不惴焉'，便是'顺'。"什么意思呢？他说《周易》讲做人，核心就是俩字，就是"健"和"顺"的组合。他是把《周易》的《乾》《坤》二卦中的两句话和孟子一段有名的话互相印证，得出了这样的结论。孟子引述的曾子这两句话也很有意思。孟子这句话大意是这样的："一件事情有了争议，你手拍胸膛问问良心，真理和正义是不是在你这一方。如果不是，那么即使对方是个地位很低下的人，穿着破衣烂衫，我也绝对不倚仗权势，去欺负、压迫他。如果是在自己这一边，即使千万人反对，也应该大步向前。"我们看金庸的小说，《天龙八部》多处引用孟子这两句话，正是借此表现萧峰那样的大丈夫气概。朱鉴认为，这样的处世态度和《周易》可以相互印证。也就是说，这在《周易》里是有所体现的。

> 昔者曾子谓子襄曰："子好勇乎？吾尝闻大勇于夫子矣。'自反而不缩，虽褐宽博，吾不惴焉；自反而缩，虽千万人，吾往矣！'"
>
> ——《孟子·公孙丑上》

怎么体现的呢？

他是认为，"虽千万人，吾往矣"这种大无畏的精神，和《乾卦·象辞》的一句话相契相通。《乾卦·象辞》讲："天行健，君子以自强不息。"我们南开大学的范孙楼前面竖有一块巨大的盘山石，那石头上刻的就是这句话。这个镌石的事情是由我来促成的。本来捐赠者提议镌刻"仁、义、礼、智、信"。但是我更欣赏这句话，因为它有纵深感。"君子以自强不息"，意思是说，作为社会的精英骨干，你应该成为一个强者，有你的意志力，并且应该持续不断地为实现自己的意志来奋斗。这是"君子"应该有的品质。

但是这句话不是停在这儿的，它还深入了一步：为什么要如此呢？因为"天行健"！这样眼界就大开了，前面的主张也就因此而有哲理了。按照《周易》的说法，天地的精华所钟就是人。人和其他东西不一样在哪儿？你有你的灵性，你能反思、能产生主体的意志——要改变这个世界，让它变得更好、更理想。既然是天地的精华，你就应该体现天的优秀性质。天的性质是什么呢？日月星辰无时无刻不在那里强有力地运转着，这就是"天行健"。

人应该效法天，成为一个有着自己强有力意志的主体。但是，如果只有这一面，也有问题。社会上每个人意志不一样，彼此之间不就有冲突了吗？何况我的意志过于膨胀，必然会损害别人。在世界近代哲学史上，尼采鼓吹"意志"，世界的本质就是意志。这种哲学被推向极端之后，被希特勒与法西斯主义利用。

《周易》在这里显示出讲求阴阳平衡的理论优势了，《乾》之后紧接着就来了《坤》，做出强有力的补充："地势坤，君子以厚德载物。"也就是说，你既要效法昊天，有强有力的主体意识，你还要效法大地。"地势坤"，坤者，顺也。大地顺从万物的性质，都把它们负载起来。所以"君子"做了强者，还要考虑他人，还要有奉献的精神，要有承担的精神，要有成全他人的精神。这就是"地势坤"的精神。"天行健"与"地势坤"，两面合在一起就是一个完整的也是成功的人格。

这个思想被孔子所继承，跟孔子的思想相一致。孔子在《论语》里跟学生讲，说我的学问有一个核心贯穿始终。结果别的学生问曾子，刚才老师这么讲你怎么理解。曾子说："夫子之道，一以贯之，忠恕而已。""忠恕"这个概念也是很好的概念，跟《易》的"健""顺"是相通的。"忠"是什么？不是专指忠于君主。"心之中为'忠'"，"忠"就是我的内心、我的主体意志（的充分表现）。《国语》里讲"言忠必及意，言信必及身"，韦昭注对这个"忠必及意"解释道："出自心意为忠。"就是要对人、处事能把自己的精神和自己的意志真实地、充分地实现。这就与"健"相通了。"恕"呢，"如其心为'恕'"，你要想到别人的心跟你的心一样，所以孔子讲"己所不欲勿施于人"，"己欲达而达人，己欲利而利人"。你想成就的，你要考虑到别人也有这种要求；你不想遭遇的，你也要体谅别人。用这种态度来对待社会、对待周边，就是"恕道"。显然，这与"坤""顺"是相通的。而"忠"与"恕"贯穿了孔子学说，孔子说这就是"仁"的体现。

> 子曰："参乎，吾道一以贯之。"曾子曰："唯。"子出，门人问曰："何谓也？"曾子曰："夫子之道，忠恕而已矣。"
>
> ——《论语·里仁》

前面讲的"夫子有大勇"那两种处事的姿态，同样是与"健""顺"及"忠""恕"在人格的完整性上，彼此息息相通。

这样的思想主张，在现代，在中国社会学的泰斗费孝通先生那儿，又有新的表达。费先生把"健""顺""忠""恕"展开变成十六个字，虽然角度不尽一样，但可以互相印证。"各美其美"，每一个人都有你欣赏的东西，你的理想一定要坚守。"美人之美"，要学会欣赏理解别人所喜欢的、所追求的，你要理解，你也要赞同。"美美与共"，各自不同的美在社会上并存，于是实现了人类的千年梦想——大同世界，也就是一种多元的、繁荣的文化局面。

哲思之原点，巫术之残余

我们今天讲座的第五部分，最后一部分。

大家来看这十个字："哲思之原点，巫术之残余。"这十个字，是1998年我在中央党校给他们讲《周易》时，站在黑板前面，要为自己的讲演内容加强一下"正当性"，当时灵机一动，就在黑板写了这十个字。写过，自己颇为得意，觉得是对《周易》思想本质以及价值的最为精当的概括。前一半，"哲思之原点"，是说价值所在——华夏文明中的哲理性思维，最早的书面文献就在《周易》里，所以我们要讲它。后一半，"巫术之残余"，是说批判的意识——因为《周易》本是占卜的指导用书，占卜本质上属于一种巫术。其中必然保留着巫术思维的成分。这样一来，我们就和那些江湖术士划清了界限。

但是，划界归划界，作为一种特殊的知识，我们还是要有一些起码的了解。

当然，由于时间的关系，我们不能细讲。这个问题讲四个方面：第一方面，简要描述一下《周易》占卜的最基本程序；第二方面，介绍并批判江湖上流行的种种不经之论；第三方面，举两个例子，看看操作以及解读的具体情况；第四方面，介绍古代哲人对待《周易》占卜功能的态度。

先介绍第一部分。

《周易》占卜究竟如何操作，其实是一个相当复杂，并无定论、成说的问题。现在能够依据的主要是三个来源，一个是《易系辞》中的有关记述，一个是《左传》中占卜的实例，这两个带有"原教旨"的意义；第三个则低了一个档次，就是后人的分析、论断。这一部分又有两种情况，一种是以上两种为基础，进行分析、推论、补全，另一种是大幅度增加其他要素，形成迥异于上两种的操作体系。我们在这里只关注前面一种——这一种的代表人物是南宋的朱熹。

综合三方面的内容，《周易》占卜的程序大体如下（前面说了一些，现在稍微详细点）：

先取55（或50）根蓍草，取出6根后剩下49根（若50则取一根，所剩相同）；把49根蓍草分为两部分，分置于上下（或左右），分别象征天地。然后从上或下、左或右抽出一根（在这里通常称为"一策"）置于中间，象征"三才"之人；两边分别以4为单位数过，称为"过揲"，结果有三种可能：除尽，或是余1与3，或是余2与2。49减去余数，剩40或44；然后连续重复前面的操作，最后剩36或32、28、24。将36或32、28、24分别除4，则得到9或8或7或6。9与7对应阳爻，6与8对应阴爻。其中9与6为"老"，7与8为"少"。这便完成了初爻的操作。

把初爻的结果标记下来，然后再重复进行五次，便把一个卦的六个爻都确定下来了。

之后，把六个爻中的"老"进行再处理，就是逢"9"变"8"，阳爻相应地变成了阴爻，而且是少阴，稳定的阴爻；逢"6"变"7"，阴爻相应地变成了阳爻，而且是少阳，稳定的阳爻。于是就出现了第二个卦，这个卦叫作"之卦"。"之"本是到达的意思，这里有"变为"义。

解卦的时候，本卦与之卦都要参看，但究竟哪一个为主，特别是哪一爻或哪几爻为主，是个非常复杂、争议很多的问题，这里不讲了。后面给大家一个参考，也就是这个讲稿的附录，有兴趣的朋友可以去细看*。

第二方面，简单说一说江湖上与此有关的一些现象。

江湖上打着《周易》幌子的情况很多，大致有三类。第一类是简化，就是不用蓍草，不进行那么复杂的十八次"过揲"，而是使用替代工具，简化操作，例如用三枚硬币的"币占"，用时辰或文字笔画的"数占"等。这一类的特点都是容易操作，节省时间，适合江湖上"糊口"的快速需求。这一类在原理上和《周易》本身没有矛盾，但简化之后，各种情况出现的比率与"原教旨"的蓍草占有一定幅度的误差。

简化到极点，就是庙里的抽签之类，如："坤为地卦：××××××，'饿虎得食'，上中；卦辞：肥羊失群入山岗，饿虎得食把口张。肥羊充饥真欢喜，君占此卦大吉昌。饿虎得食喜气欢，求名应事主高迁。出门吉利行人到，是非口舌不沾边。推断：寻人得见，走失有信，疾病见好，凡事皆顺。""水雷屯卦：× ○ × × × ○，'乱丝无头'，下下；卦辞：风刮乱丝不见头，颠三倒四犯忧愁。慢行疑来理头绪，急促反惹不自由。乱丝无头灾难扰，逢者遇事暂且推。交易出行无好处，谋望求财不遂意。推断：疾病未好，婚姻不巧，口舌琐碎，做事颠倒。"显然，这只是借《周易》的外壳，判断的吉凶以及顺口溜式的判词与卦象、卦辞没有多少关系。签上面的"×"表示阴爻，"○"表示阳爻——这是通行的记录卦爻的方式。

第二类是"依草附木"，其实与《周易》毫无关系。如《周易与风水》《周易命名宝典》。《周易》其实与风水一点关系也没有，但扯到一起有"拉大旗做虎皮"的作用。

第三类是所谓"四柱之学""大六壬占法"之类。这一类倒是都有"依据"，一般都能举出汉代呀、唐代呀，或是宋明呀，这些古代的根据。特点是看起来比《周易》复杂多了，十天干，十二地支，再加上金木水火土的五行、东西南北的四方，一排列会排出两三千种情况，供你对号入座。但问题是，《周易》本身没有这些因素，引进来"喧宾夺主"，同时这种"对号入座"式的操作，比起《周易》借助本卦与之卦，兼顾卦象与卦爻辞的动态分析，结果是明确了，但也同时僵化了。

接下来，我给大家举两个例子，来具体看一看蓍占的流程与阐释。

第一个例子是 1998 年 9 月，当时给中央党校的三个班讲

《周易》，就是我写"哲思之原点，巫术之残余"那次。"哲理"——人生智慧给他们讲完了，学员们说："讲得还不错，但'巫术之残余'呢？是不是应该把'巫术'也给我们演示演示。"我百般推脱也打消不了他们的积极性，只好介绍一下占卜程序之类的知识。可是他们得寸进尺，说："操作程序大概听明白了，但还是要具体演练一下，印象会更深。"我说那就免了吧。他们说："不行，一定要有所实践我们才能加深印象。"当时实在没办法推了，我就说："这东西肯定是巫术性质的，肯定都是不灵的，咱们可都是唯物主义者，咱就当作闹着玩儿吧。"于是，我就让他们找了一盒火柴，权当蓍草，然后说："请哪位上来做'对象'，咱们好有演练的目标呀。"结果呢，出乎意料，等到真操练了，大家你看我，我看你的，全都不肯上来了。一开始，我以为他们怕我不灵，后来忽然明白了，是怕万一我要灵呢。大庭广众，是不是都有一些隐私不愿意公开呀。都想看看别人，对不对？结果就僵在那里了。

当时我灵机一动，说今天早晨看了一条新闻，某一个国家元首，西方的某大国，出了一桩丑闻，那天早晨播报，有一位独立检察官独立调查，提出了弹劾。我说咱就拿这事儿来试试吧，假定是当事人来占卜，测一测弹劾这道坎过得去过不去。咱们就按照刚才的程序推演一番，有嘛算嘛，看看沾边不沾边。结果一番操作之后，就得到这样的结果。得出的本卦是《大过》，卦辞是："栋桡，利有攸往，亨。"因为犯了大的错误，如同屋梁压弯了，但是没有折断，最后的结果是"亨"。

《大过》卦

《未济》卦

这卦里边第二爻的爻辞更有趣："枯杨生稊，老夫得其女妻，无不利。"《象辞》是："老夫女妻，过以相与也。"爻辞翻译成现代汉语，就是"一棵老树长了嫩芽，比喻一个岁数挺大的老头子和一个小姑娘中间发生了事情，没有什么太大的问题"。《象辞》翻译过来，就是"老头子和小姑娘婚配，是错误的结合"。我们不是说讲变吗？当时出现了三个变爻，根据九变八、六变七的原则，就得出了另一卦叫《未济》。《未济》的卦辞是："亨。小狐汔济，濡其尾。无攸利。"这种情况有三个变爻，应该主要看两个卦的卦辞。这段卦辞的大意是说："一只小狐狸，掉到河水里，尾巴都湿了，没得什么好处。但是，最后渡过了。"我把这个卦辞往黑板上一写，大家眼都直了。为什么呀？狐狸，狐狸精呀。"狐媚偏能惑主"；掉进河水里，尾巴湿了，出问题了；"无攸利"，一开始肯定想得利，结果没得好处。大家看，犯大错误，房梁压弯了，小狐狸掉水里了，再加上老树嫩

100

芽，简直都能连得上去啊。"太神了！"开始，学员们一个个都表示惊讶和佩服，但一转眼有脑子特别快的，就提出了质疑，说："老陈，这里还是有些问题。咱们说好了是算'前程'的，是算这道坎过得去过不去，结果你这都是描述已经发生的事儿。涉及结果就俩字，前面那卦有个'亨'，后面那个卦有个'亨'，要照这俩字，事主面临的这关应该得过得去。所以我们大伙可盯着了，假如最后这位事主给弹劾掉了，您这威信可就一点没有了，我们就把您这卦摊给踢了。"这当然是玩笑话，我哪有卦摊呀。不过，他这么一挑明了，一叫板，我这压力可就大了。那以后小半年的时间里，我成为全世界最关心这位总统命运的人。第二年一月份，记得是刚进中旬，尘埃落定，弹劾起诉不成功，总统接着做总统。我这边呢，从此踏破门槛，都来问前程。但是当时没经纪人，大笔生意没有做成！那时如果结识了各位，由各位做经纪人就好了——开玩笑啊。

再举一个近期的例子。这是去年的一个事儿。法国巴黎银行在昆明搞了个国际金融论坛，请我去讲一讲中国人的文化和思维方式。我当时也是讲的《周易》，跟这次讲的稍有不同，内外有别嘛。讲完了也是无法推辞，就在那儿比划比划。很巧，也得了个《大过》，但是只变了一个爻，变了第四爻，"老阳成阴"，变出了一个《井》卦。《大过》和《井》的卦辞是什么呢？《大过》是"栋桡，利有攸往，亨"，《井》是"六四，井甃，无咎"。变爻在第四个爻位，只有一个变爻的时候，以这个变爻为主。"六四：井甃，无咎。""六四"，就

《井》卦

是在第四个爻位是阴。《象辞》讲："井甃，无咎，修井也。"井甃，井壁，指硬件结构，就是拿砖砌的井壁，引申一下就是"修井壁"——砖砌的井壁年久失修，残破了，所以这个水也就浑浊不畅了。于是需要进行结构性的硬件改革，就是"井甃无咎，修井也"。老外们听了，也是目瞪口呆，五迷三道的。有三个人，两个白人一个黑人，都是半吊子的中国通，到了吃午饭的时候去找主办方，说吃午饭时能不能跟陈先生坐一桌？他们来跟我商量，我说可以啊。心想不是来抬杠吧？结果坐我旁边，还挺不好意地说："陈先生，刚才人多，是不是您有些话没说透彻？"我说："全说了，这里面没什么，《周易》都是比喻，房梁、老树、狐狸、井，都是比喻，比喻这个东西，解释的空间很大，我说实际就是如此，没有什么神秘的。我讲这个只是想说明中西文化、思维方式各有特点而已。"可那几个老外不信，说："肯定有些话没说透，你看呀，'六四：井甃，无咎'，是不是除了经济方面还有别的方面的含义？"我说："打住，千万别往我头上栽，卦里没有那个意思，我引出这段话也是照章操作，碰上而已。"这说明什么呢？说明《周易》充满了象征、比喻、类比，这和我们平日里的逻辑思维大不相同。比喻性的东西，阐释的空间很大，你要是愿意往哪想，你就会越想越像，越想越有理。如此而已。

　　我们来看看古人对于这方面是怎么说的。孔子说："仁义焉求吉！故卜筮而希也。"意思是：我做事以仁义为先，所以，我虽然对《周易》很喜欢很钻研，但只着眼于其中的哲理，很少占算。"希"就是"稀"，稀少的意思。荀子说："善为《易》者不占。"意思是：真正通晓《周易》的人，是吸收其中的智慧而不去占卜。王夫之说，我倒是占卜，不过"占义不占利"。我占"什么是应该做的，不占什么是有利益的"。孔子还说："《易》之失，贼。"就是说，如果对于《周易》使用不当，就会走上邪路。那我们的态度呢？概括一下，就是"仁者自多福，智者自多利"。这也是我对于诸位的祝福。

乾龙之歌

　　我用另外一种方式来总结一下《乾》卦里面的哲理。这个方式就是循着刚才我提到的西晋干宝的那个思路——他认为《乾》卦的这六爻和文王的经历、文王的人生及其体会有关。我就循着这个思路用诗的语言归纳、表现出来。

　　下面是我写的一首小诗，《乾龙之歌》。注意，是这个"龙"字，跟清朝那个皇帝没关系，是"《乾》卦的龙象"之意。

　　这首小诗的缘起是这样的：我的一位朋友收集了古今"龙"字的书法，编了一部大书，叫作《龙书》，来给龙年凑个趣。他邀我作序。我对书法所知不多，就取个巧，从"龙"文化找思路吧。中国的龙文化有本土之源，有异域之源。本土之源，可见的文献中，当以《周易·乾》卦为最早。所以，就把《周易·乾》卦的六爻与"龙"的潜、现、惕、跃、飞、亢六种姿态相联系，更与文王的经历、命运、思想相联系，把历史、哲学与诗情融为一体。也算是一种尝试吧。各位见笑。

乾龙之歌

拨回到三千年前的时钟，

西岐的山巅，

回荡着浏亮的凤鸣。

（"凤鸣岐山"，是一个很有名的传说：因为西伯侯姬昌行德政，所以有凤凰飞到岐山之上。）

一个名叫姬昌的大巫师，

却在羑里的愁云惨雾间把天人沟通。

（因为当时的部落首领兼有巫师的功能，而《周易》的本质就是从巫师的角度沟通天人之际。）

"你们看吧，这神奇的精灵，

它代表着上天的德行。

我将把它的神迹，

展示给远方我的子民，

还有天下芸芸众生。

这个神奇的动物，

自然有神奇的名称。

让我们齐声顶礼呼唤

——龙！"

"我的孩子们，
我要你们闭目玄想、思维如风，
跟随我的启示，
去瞻仰龙的神异的行踪……"

掠过荒原的凛冽北风，
玄冥之君把一切冰封。
这聪明的巨龙深深潜入九泉，
蜷缩起来享受着自家的酣梦。

"我的孩子们啊，
这就好比我此时的处境。
在这差里的冰窟里，
让我们千百遍互勉'潜龙勿用'！"

大地春回，雷声隆隆，
柳眼初开了苏醒，
她惊异地看到原野上硕大的龙的身躯，
正舒展着筋骨，寻觅可靠的友朋。

"我的孩子们啊，
上天已让我看到这不远的前景：
我将得到一个'大人'的协助，
他的头上隐现出刚猛的'蚩熊'。"

岐山峨峨，渭水汤汤，
百兽率舞兮百鸟和鸣。
脱羁归来的首领，
夜以继日，图治励精。

"我的孩子们啊，
大周将在我们手里勃兴。
可是，万万不可懈怠，
睁大你们的眼，
随时警惕着灾难的阴影。"

大泽浩淼且渊深兮，
气象万千，云蔚霞蒸。
欲开天眼燃犀下看兮，
可见舒卷自得遨游之巨龙。

"我的孩子们啊，
可喜'三分天下有其二'的成功。
（姬昌脱羁归国，经过一段励志图精，天下诸侯大多臣服，天下三
分之二的诸侯都来投靠效忠，但是他仍然坚持不称王。）
不过切忌虚骄急切如商纣，
要学蓄势待时那龙的从容！"

九万里无垠的天穹，

天钩之乐中朗彻的大明。
六龙驭日，光明的使者，
飞翔在宇宙，泽被苍生。

"我的孩子们啊，
仰起你们的头颅等待着在天的飞龙！
从此风调雨顺，
从此人和政通。"

祥和日久戾气滋生，
有龙不甘循常兮一意孤行。
欲破穹庐冲出宇宙，
角折颅裂悔之莫及兮天道无情。

"我的孩子们啊，
不要把这看成一幅幻景。
商纣的教训'殷鉴不远'，
惜福、留余、谦虚、谨慎，才是永远高飞的龙！"

赞曰：
神州千载气茏葱，
黄水长江两巨龙。
商纣文王俱往矣，

乾爻坤卦仍从容。
根深叶茂参天树，
行健厚德普世情。
九万里风凭借力，
要看云起玉龙腾！

谢谢各位！后会有期。

《周易》原文

(《易经》及《彖辞》《象辞》《文言》)

第一卦：《乾》

《乾》为天，

乾上乾下。

  《乾》，元亨，利贞。

  初九：潜龙勿用。

  九二：见龙在田，利见大人。

  九三：君子终日乾乾，夕惕若，厉，无咎。

  九四：或跃在渊，无咎。

  九五：飞龙在天，利见大人。

  上九：亢龙有悔。

用九：见群龙无首，吉。

《彖》曰：大哉《乾》元，万物资始，乃统天。云行雨施，品物流形，大明终始，六位时成，时乘六龙以御天。乾道变化，各正性命，保合大和，乃"利贞"。首出庶物，万国咸宁。

【译文】

伟大啊，作为本源的上天，万物由此开始，都从属于这伟大的上天。它以云雨滋养着，万物得以生长。太阳乘着六龙之车，运行在天宇，宇宙的空间于是确定。天道变化，使万物以自己的方式生存发展，彼此间保持着高度的和谐，这就是利益众生的正道。上天生出万物，各国都得到安宁。

《象》曰：天行健，君子以自强不息。

"潜龙勿用"，阳在下也。

"见龙在田"，德施普也。

"终日乾乾"，反复道也。

"或跃在渊"，进无咎也。

"飞龙在天"，大人造也。

"亢龙有悔"，盈不可久也。

"用九"，天德不可为首也。

【译文】

天宇总是强有力地运转着，君子要效法天德，不停止

111

地自强努力。

"潜龙勿用"，是因为这一阳爻身处卦的最下方。

"见龙在田"，这时的君子（要像身处草野的龙），以德行泽及大众。

"终日乾乾"，说的是君子夜以继日反复不止地推行正道。

"或跃在渊"，这样前进没有祸患。

"飞龙在天"，君主能够有所作为了。

"亢龙有悔"，自满就不能长久了。

"用九"，是主张天德不需要首脑。

《文言》曰："元"者，善之长也。"亨"者，嘉之会也。"利"者，义之和也。"贞"者，事之干也。君子体仁足以长人，嘉会足以合礼，利物足以和义，贞固足以干事。君子行此四德者，故曰"乾，元、亨、利、贞"。

初九曰"潜龙勿用"，何谓也？子曰："龙德而隐者也。不易乎世，不成乎名，遁世无闷，不见是而无闷。乐则行之，忧则违之，确乎其不可拔，潜龙也。"

九二曰"见龙在田，利见大人"，何谓也？子曰："龙德而正中者也。庸言之信，庸行之谨，闲邪存其诚，善世而不伐，德博而化。《易》曰'见龙在田，利见大人'，君德也。"

九三曰"君子终日乾乾，夕惕若，厉，无咎"，何谓也？子曰："君子进德修业。忠信，所以进德也。修辞立其诚，所以居业也。知至至之，可与言几也。知终终之，可与存义也。是故居上位而不骄，在下位而不忧，故'乾乾'因其时而'惕'，虽危无咎矣。"

九四曰"或跃在渊，无咎"，何谓也？子曰："上下无常，非为邪也。进退无恒，非离群也。君子进德修业，欲及时也。故'无咎'。"

九五曰"飞龙在天，利见大人"，何谓也？子曰："同声相应，同气相求。水流湿，火就燥。云从龙，风从虎，圣人作而万物睹。本乎天者亲上，本乎地者亲下，则各从其类也。"

上九曰"亢龙有悔"，何谓也？子曰："贵而无位，高而无民，贤人在下位而无辅，是以动而'有悔'也。"

"潜龙勿用"，下也。"见龙在田"，时舍也。"终日乾乾"，行事也。"或跃在渊"，自试也。"飞龙在天"，上治也。"亢龙有悔"，穷之灾也。乾元"用九"，天下治也。

"潜龙勿用"，阳气潜藏。"见龙在田"，天下文明。"终日乾乾"，与时偕行。"或跃在渊"，乾道乃革。"飞龙在天"，乃位乎天德。"亢龙有悔"，与时偕极。乾元"用九"，乃见天则。

《乾》"元"者，始而"亨"者也。"利贞"者，性情也。乾始能以美利利天下，不言所利，大矣哉！大哉《乾》乎！刚健中正，纯粹精也。六爻发挥，旁通情也。"时乘六龙"，以御天也。"云行雨施"，天下平也。

君子以成德为行，日可见之行也。"潜"之为言也，隐而未见，行而未成。是以君子弗"用"也。

君子学以聚之，问以辨之，宽以居之，仁以行之，《易》曰"见龙在田，利见大人"，君德也。

九三，重刚而不中，上不在天，下不在田，故乾乾因其时而"惕"，虽危，无咎矣。

九四，重刚而不中，上不在天，下不在田，中不在人，故"或"之。"或"之者，疑之也，故"无咎"。

夫大人者，与天地合其德，与日月合其明，与四时合其序，与鬼神合其吉凶，先天而天弗违，后天而奉天时，天且弗违，而况于人乎？况于鬼神乎？

"亢"之为言也，知进而不知退，知存而不知亡，知得而不知丧。其唯圣人乎！知进退存亡而不失其正者，其唯圣人乎！

【译文】

"元"是善的首领，"亨"是美的集合，"利"是义之应和，"贞"是事之主干。君子实行仁爱便足以成为众人的首领，集中了美德足以成为礼的典范，利益众生足以合于公义，坚持正道足以做成事业。君子有这四方面的德行，故说"乾，元、亨、利、贞"。

初九讲"潜龙勿用"，是什么意思呢？孔子解释说："比喻具有龙的德行但隐逸不出的人啊。不因世俗而改变自己，不求成名，避世隐居而没有苦闷，不被社会认可而没有郁结。乐于从事的就去做，心有疑虑的就远离，意志

114

坚定而不可改变，这样的人就像是'潜龙'了。"

九二讲"见龙在田，利见大人"，是什么意思呢？孔子解释说："比喻具有龙的德行而行中正之道的人。平常的言论讲求信用，平常的行为小心谨慎，防止邪僻而保存他的真诚，引导世人而不居功自傲，德行广博而移风易俗。所以《易经》说：'见龙在田，利见大人。'这就是君主的德行。"

九三讲"君子终日乾乾，夕惕若，厉，无咎"，是什么意思呢？孔子解释说："君子要提升自己的德行，建立自己的功业。忠信，就是德行的表现。修饰言辞以诚为本，就是实现功业的条件。知道目标并努力达到它，这样的人可以和他讨论精微的问题。知道结果而能够实现这一结果，这样的人可以和他一起实现义务。因此居于上位而不骄傲，身处下位而不忧愁，一直'乾乾'奋进而又随时保持警醒，虽然会遇到风险但不会受到损伤。"

九四讲"或跃在渊，无咎"，是什么意思呢？孔子解释说："龙有时高飞有时下潜，不是它的错误；有时前进有时后退，并非它是脱离信众。君子也像龙一样，他的德行提升，功业推进，都是因时制宜呀。所以说'无咎'。"

九五讲"飞龙在天，利见大人"，是什么意思呢？孔子解释说："声音相同就会互相应和，气质相同就会相互亲近。这就像水容易流向湿的地方，火容易燃烧到干燥之处，云总是簇拥着龙，风总是跟随着虎一样，圣人兴起而万众亲附。根源于天的就亲和上天，根源于地的就亲和大地，正是各自从属于自己的类别啊。"

上九曰"亢龙有悔",是什么意思呢?孔子解释说:"显贵而没有适当的位置,高高在上脱离了民众,贤人在下位而他没有了辅佐,因此在变动中不免要'有悔'而走向反面。"

"潜龙勿用",是处于下位时的情状。"见龙在田",是暂时的居处。"终日乾乾",形容干事业的状态。"或跃在渊",自我的调整。"飞龙在天",居上位治理天下。"亢龙有悔",极端无路产生的祸患。上天的首善是"用九",天下大治。

"潜龙勿用",是阳气潜藏之时。"见龙在田",是天下开始文明。"终日乾乾",与时俱进地发展。"或跃在渊",天的变化之道。"飞龙在天",天德终于成就于此时。"亢龙有悔",到达极端时的状况。上天的首善"用九",可以看出上天的法则。

《乾》卦卦辞讲"元亨",是说天道始生万物而使其亨通。卦辞讲"利贞",是说上天的性情利益众生使其遵循正道。上天始生万物而又给它们带来大利,却不表白自己的功利,真是伟大啊!伟大的《乾》的精神!刚健而又中正,品性至高而至纯。它的六个爻位发挥这种精神,有了广大的表现。"时乘六龙",是太阳在穹宇巡行的样子。"云行雨施",是天下太平的景象。

君子以成就德业为行动,每天都要有可以看见的行动。"潜"所讲的状态是隐居而未能表现,行动而不能成就,因此君子当此之时不急于求"用"。

君子通过学习来积累知识,询问请教来辨明是非,存宽厚之心，行仁爱之事。《易》所说"见龙在田，利见大人"，就是这样的君主德行啊。

九三，阳爻在阳位，但不是居中，上不是九五的在天飞龙，下不是九二的在田见龙，所以要特别努力并随时警觉，这样即使有风险，也不会遇到祸害。

九四，阳爻反复出现，但不是居中，上不是九五的在天飞龙，下不是九二的在田见龙，中间还不是九三那样可以勤于人事，所以用"或"来形容这一处境。"或"的意思是犹豫没有决定，所以说尚"无咎"。

作为好的最高统治者，应该是德行与天地相合，明察的智慧可与日月相比，行为的条理有序像四季一样，他的赏罚和鬼神一样精准，措置先于天而天不和他矛盾，措置后于天而能符合天时，天尚且和他完全一致，何况人呢？何况鬼神呢？

"亢"所讲的，是只知进而不知退，只知存而不知亡，只知得而不知丧。只有愚蠢的人才会这样！知道进退存亡而不失去自己行为的正道，那只有圣人才能做到啊！

第二卦：《坤》

《坤》为地，

117

坤上坤下。

《坤》，元亨。利牝马之贞。君子有攸往，先迷后得主，利，西南得朋，东北丧朋，安贞吉。

初六：履霜坚冰至。

六二：直方大，不习无不利。

六三：含章可贞，或从王事，无成有终。

六四：括囊，无咎无誉。

六五：黄裳，元吉。

上六：龙战于野，其血玄黄。

用六：利永贞。

《彖》曰：至哉《坤》元，万物资生，乃顺承天。坤厚载物，德合无疆。含弘光大，品物咸亨。"牝马"地类，行地无疆，柔顺利贞。"君子"攸行，"先迷"失道，后顺得常。"西南得朋"，乃与类行。"东北丧朋"，乃终有庆。"安贞"之"吉"，应地无疆。

【译文】

大地作为原始的存在也是最初的根源，万物依靠它得以生长，这样顺应配合着上天。大地以它的厚重负载着万物，德行与上天相合而无疆，含容十分广大，各种物类都得以发展顺畅。"牝马"正是和大地同类（阴性），所以奔驰在无垠的大地之上，性情柔顺而贞正。"君子"远行，开始迷失了道路，后来顺利找到了正路。在西南方向得到

118

了朋友，这是与同类的人一起行动。在东北方向失去了朋友，但到头来还是得到吉庆。安于正道而终得吉庆，正是合于大地广大的德行。

《象》曰：地势《坤》。君子以厚德载物。

"履霜坚冰"，阴始凝也。驯致其道，至坚冰也。

六二之动，直以方也。"不习无不利"，地道光也。

"含章可贞"，以时发也。"或从王事"，知光大也。

"括囊，无咎"，慎不害也。

"黄裳，元吉"，文在中也。

"龙战于野"，其道穷也。

用六"永贞"，以大终也。

【译文】

大地顺从于上天，君子效法它以厚重的德行承载万物。

初爻所说的"履霜坚冰"，指的是阴气开始凝结，按照这个趋势发展，就会达到坚冰严寒的程度。

二爻为阴，启示人们的行动，要像广阔的大地直道而且方正，即使不熟悉也不会失利。

三爻所说的"含章可贞"，是说人有"内秀"应适时表现出来。"或从王事"，是说才能贡献于朝廷，可以把广大的智慧发挥出来。

四爻所说的"括囊，无咎"，是说谨慎可以避免祸害。

五爻所说的"黄裳，元吉"，是讲有文采、在内谦虚的君子终归大吉。

六爻所说的"龙战于野"，是讲阴道过盛无路可通的局面。

用六所讲的"永贞"，是说永远正直就会有德业广大的结果。

《文言》曰：坤至柔而动也刚，至静而德方，后得主而有常，含万物而化光。坤道其顺乎，承天而时行。

积善之家，必有余庆。积不善之家，必有余殃。臣弑其君，子弑其父，非一朝一夕之故，其所由来者渐矣，由辩之不早辩也。《易》曰"履霜，坚冰至"，盖言顺也。

"直"，其正也。"方"，其义也。君子敬以"直"内，义以"方"外，敬义立而德不孤。"直方大，不习无不利"，则不疑其所行也。

阴虽有美，含之以从王事，弗敢成也。地道也，妻道也，臣道也。地道无成，而代有终也。

天地变化，草木蕃。天地闭，贤人隐。《易》曰"括囊，无咎无誉"，盖言谨也。

君子黄中通理，正位居体，美在其中。而畅于四支，发于事业，美之至也。

阴疑于阳必战，为其嫌于无阳也，故称"龙"焉。犹未离其类也，故称"血"焉。夫"玄黄"者，天地之杂也，天玄而地黄。

【译文】

《坤》象征大地其品性最为柔顺，而变动则体现出力量，最为沉静而德行方正，后天而动以天为主而有常规，含容万物而化生广大。大地的德行在于顺从，顺承上天适时而行。

积善行的家族，一定会多有吉庆。积不善的家族，一定会多有灾殃。臣下杀死国君，儿子杀死父亲，都不是一朝一夕的原因，都有一个逐渐发展的过程，恶果是因为没能及早分辨这种端倪。《易》说"履霜，坚冰至"，就是讲的这种渐变的情况。

"直"，是德性的正直。"方"，是行为的合乎正义。君子主敬以正直作为内在要求，以正义作为外在原则，这样的人格确立之后一定会有同样操守的人来结交。"直方大，不习无不利"，就是坚信自己的道德选择啊。

三爻讲"六三：含章可贞，或从王事，无成有终"，是说"阴"所象征的为臣之道虽然有美德，含蓄地从事君王的功业，但成事之后不敢居功。大地之道，也是为妻之道，为臣之道。大地之道虽不把成就居功于己，但代天行道最终是有成果的。

天地交泰变化，可使草木蕃盛（就像君臣合作成功）。天地闭塞隔绝，（草木不生，就像）贤人自然要隐退。《易》形容后种态度是"括囊，无咎无誉"，就讲的是处于这种态势之下要特别谨慎。

五爻讲"黄裳，元吉"，就是说君子把华贵的黄裳穿在里面，是明了事理的表现，自处之位断正合乎礼数，美德美材蕴含在内，而畅发到身体四肢，发挥到事业中，这是最为美好的状态。

六爻讲"龙战于野，其血玄黄"，就是到此爻阴极盛和阳相敌，就一定会发生冲突，因为它这样也就招来阳的疑忌，所以这里提出"龙"来（暗指阳）。但它毕竟仍属阴性，所以称为"血"（古人认为"气"属阳，"血"属阴）。所说的"玄黄"，指的是天地错杂的颜色，天色是玄青的，而大地是土黄的。

第三卦：《屯》

水雷《屯》，

坎上震下。

《屯》，元亨，利贞。勿用有攸往。利建侯。

初九：磐桓。利居贞。利建侯。

六二：屯如，邅如，乘马班如，匪寇，婚媾。女子贞不字，十年乃字。

六三：即鹿无虞，惟入于林中，君子几，不如舍。往，吝。

六四：乘马班如，求婚媾，往，吉，无不利。

九五：屯其膏。小贞吉，大贞凶。

上六：乘马班如，泣血涟如。

《象》曰：《屯》，刚柔始交而难生，动乎险中，大亨贞。雷雨之动满盈，天造草昧，宜建侯而不宁。

【译文】

《屯》卦是阴阳二气开始相交而难于化生的状态，是在风险中前行，但大道通而正。雷雨激荡，降水丰沛，上天要使草木萌生，象征可以建立新的侯国，但不会安宁平顺。

《象》曰：云雷《屯》，君子以经纶。

虽"磐桓"，志行正也。以贵下贱，大得民也。

六二之难，乘刚也。"十年乃字"，反常也。

"即鹿无虞"，以从禽也。君子舍之，往吝，穷也。

"求"而"往"，明也。

"屯其膏"，施未光也。

泣血涟如，何可长也。

【译文】

云雷相逢是《屯》卦，君子得此象可以规划大业。

初九所说的"磐桓"是说虽徘徊不定，但志行端正，（一个阳爻甘心处于三个阴爻之下），以高贵身份自处于卑贱之下，所以能够大得民心。

六二的难于向前，是因为阴爻凌驾在阳爻之上。所说的"十年乃字",也同样是反常的现象。

六三所讲的"即鹿无虞",是指追逐野兽的情况。君子舍之,往吝,是因为没有可行的道路了。

六四所说的"求婚媾"而"往"便会得"吉",这个道理很清楚呀。

九五所说的"屯其膏",指的是恩施未能广泛。

上九所说的"泣血涟如"的情况,如何能够长久呢。

第四卦:《蒙》

山水《蒙》,

艮上坎下。

《蒙》,亨。匪我求童蒙,童蒙求我。初筮告,再三渎,渎则不告。利贞。

初六:发蒙,利用刑人,用说桎梏,以往吝。

九二:包蒙吉,纳妇吉,子克家。

六三:勿用取女,见金夫,不有躬,无攸利。

六四:困蒙,吝。

六五:童蒙,吉。

上九:击蒙,不利为寇,利御寇。

《彖》曰：《蒙》，山下有险，险而止，《蒙》。"《蒙》，亨"，以亨行，时中也。"匪我求童蒙，童蒙求我"，志应也。"初筮告"，以刚中也。"再三渎，渎则不告"，渎蒙也。蒙以养正，圣功也。

【译文】

《蒙》卦是（上艮下坎。艮象征山，但有"止"的意思；坎象征水，但有"险"的意思），山下有险，是在危险前面停止，这就是《蒙》卦的意旨。《蒙》之所以"亨"，是因为遇险而止，适时而得中道。所说的"匪我求童蒙，童蒙求我"，是彼此志向应和。"初筮告"，是因为有阳爻在中位。"再三渎，渎则不告"，是因为重复筮占亵渎神圣的那个人是愚昧不明事理的。对蒙昧的人进行培养使其入于正道，是圣人的功德。

《象》曰：山下出泉，《蒙》。君子以果行育德。
"利用刑人"，以正法也。
"子克家"，刚柔接也。
"勿用取女"，行不顺也。
"困蒙"之"吝"，独远实也。
"童蒙"之"吉"，顺以巽也。
利用"御寇"，上下顺也。

《蒙》卦是山之下有泉水，君子果决行动来培育人的德性。

初六讲的"利用刑人"，是说借以明正法令。

九二讲的"子克家"，是刚柔相结合（可以成立家庭）。

六三讲的"勿用取女"，比喻行事不顺利。

六四讲的"困蒙"之"吝"，是说独行其事远离真实。

六五讲的"童蒙"之"吉"，是说蒙昧的孩童顺从长者得到吉庆。

上九讲的利用"御寇"，是说上下和顺（利于抵御外侮）的情况。

第五卦：《需》

水天《需》，

坎上乾下。

《需》，有孚，光亨，贞吉。利涉大川。

初九：需于郊，利用恒，无咎。

九二：需于沙，小有言，终吉。

九三：需于泥，致寇至。

六四：需于血，出自穴。

九五：需于酒食，贞吉。

上六：入于穴，有不速之客三人来，敬之终吉。

《彖》曰：《需》，须也。险在前也，刚健而不陷，其义不困穷矣。"《需》，有孚，光亨，贞吉"，位乎天位，以正中也。"利涉大川"，往有功也。

【译文】

　　《需》卦是要等待的意思。（上卦是坎，所以说）前面有险，（下卦是乾，所以说）刚健而不陷于险中，全卦的意旨不是困穷之境。"《需》，有孚，光亨，贞吉"，说的是（乾）处于天的位置，是正中之位（所以"贞吉"）。"利涉大川"，是讲前行将会成功。

《象》曰：云上于天，《需》。君子以饮食宴乐。

"需于郊"，不犯难行也。"利用恒，无咎"，未失常也。

"需于沙"，衍在中也。虽"小有言"，以"终吉"也。

"需于泥"，灾在外也。自我"致寇"，敬慎不败也。

"需于血"，顺以听也。

"酒食，贞吉"，以中正也。

"不速之客来，敬之终吉"，虽不当位，未大失也。

《需》卦是云在天上，象征君子饮食安乐来等待时机。

第一爻讲"需于郊"，是不去犯难冒险行动。"利用恒，无咎"，是不做失常之事（便无祸患）。

第二爻讲"需于沙"，是指毛病出在自身。而虽然"小有言"，但结局很好——"终吉"。

第三爻讲"需于泥"，是指灾祸在外面。而自我招来了匪寇，不过由于敬畏谨慎不会导致败亡。

第四爻讲"需于血"，是指要顺从听命。

第五爻讲"酒食，贞吉"，（得吉）是因为中正的品德。

第六爻讲"不速之客来，敬之终吉"，是说虽然不当位，（因为礼敬）也就没有大的过失。

第六卦 :《讼》

天水《讼》，

乾上坎下。

《讼》，有孚，窒惕，中吉，终凶。利见大人。不利涉大川。

初六：不永所事，小有言，终吉。

九二：不克讼，归而逋，其邑人三百户无眚。

六三：食旧德，贞厉，终吉。或从王事，无成。

九四：不克讼，复即命渝。安贞，吉。

九五：讼元吉。

上九：或锡之鞶带，终朝三褫之。

《象》曰：《讼》，上刚下险，险而健，《讼》。"《讼》，有孚，窒惕，中吉"，刚来而得中也。"终凶"，讼不可成也。"利见大人"，尚中正也。"不利涉大川"，入于渊也。

【译文】

《讼》卦（与《需》正相反，乾在上坎在下）是上刚而下险，风险之中有刚健精神。"《讼》，有孚，窒惕，中吉"，指的是阳爻得到了中位。卦辞中的"终凶"，是说诉讼不可能成功。"利见大人"，是提倡中正品行。"不利涉大川"，是说免不了坠入深渊的。

《象》曰：天与水违行，《讼》。君子以作事谋始。

"不永所事"，讼不可长也。虽"小有言"，其辩明也。

"不克讼"，归逋窜也。自下讼上，患至掇也。

"食旧德"，从上"吉"也。

"复即命渝"，"安贞"不失也。

"讼元吉"，以中正也。

以讼受服，亦不足敬也。

【译文】

《讼》卦（和前面一卦相反）是天在上水在下。君子要得其启发谋划在先，息讼宁事。

初六的"不永所事"，是说诉讼之风不可长也。虽"小有言"，这种结局是完全可以看清楚了。

九二所记的"不克讼"，是指男主人败诉归来之际，拘禁的奴隶全逃跑了。下级讼其上级，灾祸是自找的。

六三的"食旧德"，是说顺从君上（虽有危险），最终也会"吉"的。

九四的"复即命渝，安贞"，是说不会有过失。

九五的"讼元吉"，（诉讼大胜）是因为中正之道啊。

上九是讲因为诉讼而得到礼服的奖赏，并不值得尊敬。

第七卦：《师》

地水《师》，

坤上坎下。

《师》，贞丈人吉。无咎。

初六：师出以律，否臧凶。

九二：在师中，吉，无咎。王三锡命。

六三：师或舆尸，凶。

六四：师左次，无咎。

六五：田有禽，利执言，无咎。长子帅师，弟子舆尸，贞凶。

上六：大君有命，开国承家。小人勿用。

《彖》曰：《师》，众也。"贞"，正也。能以众正，可以王矣。刚中而应，行险而顺，以此毒天下，而民从之，"吉"又何"咎"矣。

【译文】

《师》卦的"师"说的是"众"，"贞"说的是"正"。能率领众人行正道，就可以称王了。下卦的中位是阳爻应和了六五的阴爻，下为坎险，而上为坤顺（冒风险而能顺时而动），以此治理天下，而民众跟从他，一定"吉利"，又哪里会有灾祸呢。

《象》曰：地中有水，《师》。君子以容民畜众。

"师出以律"，失律凶也。

"在师中，吉"，承天宠也。"王三锡命"，怀万邦也。

"师或舆尸"，大无功也。

"左次，无咎"，未失常也。

"长子帅师"，以中行也。"弟子舆尸"，使不当也。

"大君有命"，以正功也。"小人勿用"，必乱邦也。

【译文】

《师》卦是地中有水，象征君子能够容蓄、率领民众。

第一爻讲"师出以律"，是指出不遵守纪律就要有凶险。

第二爻讲"在师中，吉"，是承受了上天的宠爱保佑。"王三锡命"，是赏一人而感召万邦。

第三爻讲"师或舆尸"，没有丝毫功绩。

第四爻讲"左次，无咎"，没有失去行军的常道。

第五爻讲"长子帅师"，是以正道行事。"弟子舆尸"，是用人不当所致。

第六爻讲"大君有命"，来端正对功劳的奖赏。"小人勿用"，（用了）一定会搞乱国家。

第八卦：《比》

水地《比》，

坎上坤下。

《比》，吉。原筮元，永贞无咎。不宁方来，后夫凶。

初六：有孚，比之无咎。有孚盈缶，终来有它，吉。

六二：比之自内，贞吉。

六三：比之匪人。

六四：外比之，贞吉。

九五：显比。王用三驱，失前禽，邑人不诫，吉。

上六：比之无首，凶。

《象》曰:《比》，吉也。比，辅也，下顺从也。"原筮元，永贞无咎"，以刚中也。"不宁方来"，上下应也。"后夫凶"，其道穷也。

【译文】

　　《比》卦是吉卦。"比"是辅佐的意思，是下级对上级的服从。"原筮元，永贞无咎"，是因为第五爻的阳爻居阳位而又得中。"不宁方来"是说它与下卦中位的六二相呼应。"后夫凶"，是因为无路可走了。

　　《象》曰：地上有水，《比》。先王以建万国，亲诸侯。

　　比之"初六"，"有它吉"也。

　　"比之自内"，不自失也。

　　"比之匪人"，不亦伤乎。

　　"外比"于贤，以从上也。

　　"显比"之"吉"，位正中也。舍逆取顺，"失前禽"也。"邑人不诫"，上使中也。

　　"比之无首"，无所终也。

【译文】

《比》卦是坎上坤下，象征地上有水。先王据此建制万国，亲和诸侯。

《比》卦的"初六"，虽有其他变故，但终归于"吉"。

第二爻讲"比之自内"，自身没有失误。

第三爻讲"比之匪人"，是不免要被伤害。

第四爻讲"外比"于贤人，来更好地服从领导。

第五爻讲"显比"之"吉"，是因为其位正中。舍弃逆行而选取柔顺，卦辞中比喻为"失前禽"。"邑人不诫"，是君主依中道在行事。

"比之无首"，说的是不得善终。

第九卦：《小畜》

风天《小畜》，
巽上乾下。

《小畜》，亨。密云不雨，自我西郊。

初九：复自道，何其咎，吉。

九二：牵复，吉。

九三：舆说辐。夫妻反目。

六四：有孚，血去，惕出，无咎。

九五：有孚，挛如。富以其邻。

上九：既雨既处，尚德载。妇贞厉。月几望，君子征凶。

《彖》曰：《小畜》，柔得位而上下应之，曰《小畜》。健而巽，刚中而志行，乃"亨"。"密云不雨"，尚往也。"自我西郊"，施未行也。

【译文】

《小畜》卦是阴爻得到合适的位置，而上下的阳爻都和它呼应。下卦为乾，上卦为巽，象征强健而又谦逊的人格；上下卦都是阳爻居中，君子得以畅行其道。"密云不雨"，说的是向上发展。"自我西郊"，说的是德行教化还没有推行开来。

《象》曰：风行天上，《小畜》。君子以懿文德。

"复自道"，其义"吉"也。

"牵复"在中，亦不自失也。

"夫妻反目"，不能正室也。

"有孚"，"惕出"，上合志也。

"有孚，挛如"，不独富也。

"既雨既处"，德积载也。"君子征凶"，有所疑也。

风在天上吹是《小畜》卦，象征君子要继续美化自己的文德。

第一爻讲的"复自道"，它的意旨是"吉"。

第二爻讲"牵复"，居于中位，也没有失误。

第三爻讲的"夫妻反目"，是说不能处理好家庭关系。

第四爻讲的"有孚"，"惕出"，讲的是能够合乎上面的志愿。

第五爻讲的"有孚，挛如"，讲的是不能独自富裕。

第六爻讲的"既雨既处"，是说得到车子运走了积蓄。"君子征凶"，（失败）是因为有所犹豫啊。

第十卦：《履》

天泽《履》，

乾上兑下。

《履》，履虎尾，不咥人，亨。

初九：素履往，无咎。

九二：履道坦坦，幽人贞吉。

六三：眇能视，跛能履，履虎尾，咥人，凶。武人为于大君。

九四：履虎尾，愬愬，终吉。

九五：夬履，贞厉。

上九：视履考祥，其旋元吉。

《象》曰:《履》，柔履刚也。说而应乎乾，是以"履虎尾，不咥人，亨"。刚中正，履帝位而不疚，光明也。

【译文】

《履》的下卦是兑，它是一个阴爻在两个阳爻之上，是"柔履刚"。而下卦兑有和颜悦色的意思，应对着上卦乾的强势，（应对得宜）所以能"履虎尾，不咥人，亨"。上卦阳爻居于阳卦的中位，是居于帝王之位而无祸患，一片光明。

《象》曰：上天下泽，《履》。君子以辩上下，定民志。

"素履"之"往"，独行愿也。

"幽人贞吉"，中不自乱也。

"眇能视"，不足以有明也。"跛能履"，不足以与行也。"咥人"之"凶"，位不当也。"武人为于大君"，志刚也。

"愬愬，终吉"，志行也。

"夬履，贞厉"，位正当也。

"元吉"在上，大有庆也。

137

【译文】

《履》卦上是天，下是泽，君子通过此卦分辨上下，安定人心。

第一爻讲的穿着"素履"而"往"，是说特立独行。

第二爻讲的"幽人贞吉"，是说内心没有慌乱。

第三爻讲的"眇能视"，是说并不能够明察。"跛能履"，是说并不能够一起远行。身处猛虎"咥人"的"凶"险之境，是因为地位不适当。"武人为于大君"，是说刚愎自用不能够担当国君的使命。

第四爻讲的"愬愬，终吉"，是说愿景能够实现。

第五爻讲的"夬履，贞厉"，是因为位置很恰当。

第六爻讲的"元吉"在上，是有大的吉庆。

第十一卦：《泰》

天地《泰》，

坤上乾下。

《泰》，小往大来，吉，亨。

初九：拔茅茹，以其汇。征吉。

九二：包荒，用冯河，不遐遗，朋亡，得尚于中行。

九三：无平不陂，无往不复。艰贞无咎。勿恤其孚，于食有福。

六四：翩翩，不富以其邻，不戒以孚。

六五：帝乙归妹，以祉元吉。

上六：城复于隍，勿用师，自邑告命，贞吝。

《象》曰：《泰》，"小往大来，吉，亨"，则是天地交而万物通也，上下交而其志同也。内阳而外阴，内健而外顺，内君子而外小人，君子道长，小人道消也。

【译文】

《泰》卦卦辞讲"小往大来，吉，亨"，就是说天地可以相交，而万物就可以沟通，社会的上层下层也就可以有交流，凝聚其共识。这一卦内卦为阳而外卦为阴，表示内在刚健而外在柔顺，君子在内而小人在外，君子之道增长，小人之道消减。

《象》曰：天地交，《泰》。后以财成天地之道，辅相天地之宜，以左右民。

"拔茅"，"征吉"，志在外也。

"包荒"，"得尚于中行"，以光大也。

"无往不复"，天地际也。

"翩翩，不富"，皆失实也。"不戒以孚"，中心愿也。

"以祉元吉"，中以行愿也。

"城复于隍"，其命乱也。

【译文】

天地相交是《泰》卦，君主依此道理来体现天地运转的规律，助成天地间的应然，通过这来实现对民众的支配。

第一爻讲的"拔茅"，"征吉"，是表明志向在于征讨外敌。

第二爻讲的"包荒"，"得尚于中行"，是因为德行光明正大。

第三爻讲的"无往不复"，指的是此爻位于乾卦坤卦衔接处（将要转换）。

第四爻讲的"翩翩，不富"，都是丢失了财物。"不戒以孚"，是中心的愿望。

第五爻讲的"以祉元吉"，是实现了心中的愿望。

第六爻讲的"城复于隍"，是指错乱的命令。

第十二卦：《否》

地天《否》，

乾上坤下。

《否》之匪人，不利君子贞。大往小来。

初六：拔茅茹，以其汇。贞吉，亨。

六二：包承，小人吉，大人否。亨。

六三：包羞。

九四：有命，无咎，畴离祉。

九五：休否，大人吉。其亡其亡，系于苞桑。

上九：倾否，先否后喜。

《象》曰："《否》之匪人，不利君子贞，大往小来"，则是天地不交而万物不通也，上下不交而天下无邦也。内阴而外阳，内柔而外刚，内小人而外君子，小人道长，君子道消也。

【译文】

《否》卦卦辞讲"《否》之匪人，不利君子贞，大往小来"，就是说天地不相交而万物不能沟通，社会的上层下层也就不能有交流，凝聚不起共识。这一卦内卦为阴而外卦为阳，表示内在柔顺而外在强硬，小人在内而君子在外，小人之道增长，君子之道消减。

《象》曰：天地不交，《否》。君子以俭德辟难，不可荣以禄。

"拔茅""贞吉"，志在君也。

"大人否，亨"，不乱群也。

"包羞"，位不当也。

"有命，无咎"，志行也。

"大人"之"吉"，位正当也。

"否"终则"倾"，何可长也。

【译文】

天地不相交是《否》卦，君主依此道理来提倡俭朴的德行，不以荣禄来吸引人才。

第一爻讲的"拔茅""贞吉"，是表明心念君主。

第二爻讲的"大人否，亨"，是表明群体没有混乱。

第三爻讲的"包羞"，是表明此爻地位不适当。

第四爻讲的"有命，无咎"，是心愿得以实行。

第五爻讲的"大人"之"吉"，是因为此爻位置恰当。

第六爻讲的"否"终则"倾"，怎么能长期延续着呢！

第十三卦:《同人》

天火《同人》，

乾上离下。

《同人》于野，亨。利涉大川，利君子贞。

初九：同人于门，无咎。

六二：同人于宗，吝。

九三：伏戎于莽，升其高陵，三岁不兴。

九四：乘其墉，弗克，攻，吉。

九五：同人先号咷而后笑，大师克，相遇。

上九：同人于郊，无悔。

《彖》曰：《同人》，柔得位得中，而应乎乾，曰"同人"。《同人》曰："同人于野，亨。利涉大川"，乾行也。文明以健，中正而应，君子正也。唯君子为能通天下之志。

【译文】

《同人》卦第二爻的中位为阴爻，与上卦的乾（及其中位的阳爻）相呼应，所以称为"同人"。《同人》卦辞讲："同人于野，亨。利涉大川"，说的就是《乾》卦的德行。（下卦为离为火，性属）文明而（上卦为乾为天，性属）刚健，上下卦的中位都守正道又彼此呼应，这就是君子的正道。只有君子能通达天下臣民的心志。

《象》曰：天与火，《同人》。君子以类族辨物。

出门"同人"，又谁"咎"也。

"同人于宗"，"吝"道也。

"伏戎于莽"，敌刚也。"三岁不兴"，安行也。

"乘其墉"，义"弗克"也。其"吉"，则困而反则也。

"同人"之"先"，以中直也。"大师相遇"，言相"克"也。

143

"同人于郊"，志未得也。

【译文】

　　天与火相遇为《同人》卦。讲的是君子通过种类、族别来分辨事物。

　　第一爻讲出门即能"同人"，又有谁会得"咎"呢。

　　第二爻讲"同人于宗"，（范围太小，自陷于）"吝"的困境。

　　第三爻讲"伏戎于莽"，是因为敌人很强大。"三岁不兴"，少安毋躁等待行动的时机。

　　第四爻讲"乘其墉"，道义上"弗克"（停止进攻）。最终获"吉"，是走出困境返回正道的缘故。

　　第五爻讲"同人"之"先"，是因为恪守正直中道。"大师相遇"，讲的是（两支大军）协作"克"敌。

　　第六爻讲"同人于郊"，没有得志。

第十四卦《大有》

火天《大有》，

离上乾下。

144

《大有》，元亨。

初九：无交害，匪咎。艰则无咎。

九二：大车以载，有攸往，无咎。

九三：公用亨于天子，小人弗克。

九四：匪其彭，无咎。

六五：厥孚交如，威如，吉。

上九：自天祐之，吉无不利。

《象》曰：《大有》，柔得尊位大中，而上下应之，曰"大有"。其德刚健而文明，应乎天而时行，是以"元亨"。

【译文】

《大有》的上卦为离，中位是阴爻，而上下的阳爻都呼应于它，称为"大有"。它的德性（上卦为离为火，性属）文明而（下卦为乾为天，性属）刚健，合乎天道而行动，所以能够"元亨"。

《象》曰：火在天上，《大有》。君子以遏恶扬善，顺天休命。

大有"初九，无交害"也。

"大车以载"，积中不败也。

"公用亨于天子"，小人害也。

"匪其彭，无咎"，明辨哲也。

"厥孚交如"，信以发志也。"威如"之"吉"，易而无备也。

大有上吉，"自天祐"也。

【译文】

《大有》是火在天上。君子用来遏止奸恶，发扬善行，顺乎天道，求得美好的命运。

大有"初九，无交害"（第一爻之意是没有相互伤害）。

第二爻讲"大车以载"，是说货物堆积在大车中不会坏。

第三爻讲"公用亨于天子"，是说如是"小人"（小民）就会受害。

第四爻讲"匪其彭，无咎"，要分辨得很清楚。

第五爻讲"厥孚交如"，诚信来表明志向。"威如"取得"吉"，是因为（威信既立）虽平易待人也不会陷入困境。

《大有》上爻的"吉"，是"自天祐"的。

第十五卦：《谦》

地山《谦》，

坤上艮下。

《谦》，亨。君子有终。

初六：谦谦君子，用涉大川，吉。

六二：鸣谦，贞吉。

九三：劳谦，君子有终，吉。

六四：无不利，撝谦。

六五：不富以其邻，利用侵伐，无不利。

上六：鸣谦，利用行师，征邑国。

《彖》曰：《谦》，亨。天道下济而光明，地道卑而上行。天道亏盈而益谦，地道变盈而流谦，鬼神害盈而福谦，人道恶盈而好谦。谦，尊而光，卑而不可逾，"君子"之"终"也。

【译文】

《谦》卦品性为"亨"。（天地都体现出"谦"的品性），天道谦下济世，给下界以光明；地道谦卑，而地气上行与天交泰。天道减损满盈而助益谦虚，地道改变满盈而补足谦下，鬼神祸害满盈而增福谦逊，人心憎恶满盈而喜好谦逊。谦逊的人，处尊位而有荣光，处卑位而不可凌压，这就是"君子"的好结果。

《象》曰：地中有山，《谦》。君子以裒多益寡，称物平施。

"谦谦君子"，卑以自牧也。

"鸣谦，贞吉"，中心得也。

"劳谦，君子"，万民服也。

"无不利，撝谦"，不违则也。

"利用侵伐"，征不服也。

"鸣谦"，志未得也，可"用行师，征邑国"也。

【译文】

地中有山为《谦》卦。君子依此卦意来取富济贫（地中有山，比喻社会财富的"不平"），衡量财物的多少公平施予。

第一爻讲"谦谦君子"，是说君子谦卑来自我约束。

第二爻讲"鸣谦，贞吉"，是说（阴爻居中，比喻）心得其中正。

第三爻讲"劳谦，君子"，（这样的品质）万民敬服。

第四爻讲"无不利，㧑谦"，是说不违背原则。

第五爻讲"利用侵伐"，征讨不宾服的（不义的邻国）。

第六爻讲"鸣谦"，志向还没有实现，可以（通过）"用行师，征邑国"（来实现）。

第十六卦：《豫》

雷地《豫》，

震上坤下。

《豫》，利建侯行师。

初六：鸣豫，凶。

六二：介于石，不终日，贞吉。

148

六三：盱豫，悔，迟有悔。

九四：由豫，大有得，勿疑朋盍簪。

六五：贞疾，恒不死。

上六：冥豫，成有渝，无咎。

《彖》曰：《豫》，刚应而志行，顺以动，《豫》。《豫》顺以动，故天地如之，而况"建侯行师"乎！天地以顺动，故日月不过，而四时不忒。圣人以顺动，则刑罚清而民服。《豫》之时义大矣哉。

【译文】

《豫》卦（是一个阳爻五个阴爻），阳爻象征君主得到（阴爻所象征的）臣民的响应而实现自己的意志，（下卦为坤）为顺，配合（上卦为震）为动，天地之道也是这个样子，何况"建侯行师"这样的人事呢？天地顺自然之势而动，所以日月的运行从不出错，四季的变化从不出毛病。圣人顺自然之势而动，所以刑法清明而万民服从。《豫》卦顺时发挥的意义太大了。

《象》曰：雷出地奋，《豫》。先王以作乐崇德，殷荐之上帝，以配祖考。

"初六，鸣豫"，志穷凶也。

"不终日，贞吉"，以中正也。

"盱豫"有"悔"，位不当也。

"由豫，大有得"，志大行也。

"六五，贞疾"，乘刚也。"恒不死"，中未亡也。

"冥豫"在上，何可长也。

【译文】

　　《豫》是雷出于地的象。先王据此制作音乐，歌颂德行，盛大地进献给上帝与祖先。

　　第一爻的"初六，鸣豫"，志向不通陷入危机。

　　第二爻的"不终日，贞吉"，是因为居于中正之位。

　　第三爻的"盱豫"有"悔"，是因为位置不恰当。

　　第四爻的"由豫，大有得"，志向得到很好的实现。

　　第五爻的"六五，贞疾"，是因为阴爻压到了阳爻之上。"恒不死"，是因为没有丧失中道。

　　第六爻的"冥豫"在上爻位置，如何可以长久呢？

第十七卦：《随》

泽雷《随》，

兑上震下。

　　《随》，元亨，利贞。无咎。

初九：官有渝，贞吉。出门交有功。

六二：系小子，失丈夫。

六三：系丈夫，失小子。随有求，得，利居贞。

九四：随有获，贞凶。有孚在道，以明，何咎。

九五：孚于嘉，吉。

上六：拘系之，乃从维之，王用亨于西山。

《彖》曰：《随》，刚来而下柔，动而说，《随》。"大亨，贞，无咎"，而天下随之。《随》之时义大矣哉。

【译文】

《随》是阳刚（震）来到阴柔（兑）的下面，行动而愉悦。"大亨，贞，无咎"，（君主谦下好礼）所以天下都乐于跟随他。《随》卦顺时发挥的意义太大了。

《象》曰：泽中有雷，《随》。君子以向晦入宴息。

"官有渝"，从正吉也。"出门交有功"，不失也。

"系小子"，弗兼与也。

"系丈夫"，志舍下也。

"随有获"，其义"凶"也。"有孚在道"，明功也。

"孚于嘉，吉"，位正中也。

"拘系之"，上穷也。

【译文】

《随》是兑上震下，也就是泽中有雷，象征君子傍晚时入室安息。

第一爻的"官有渝"，是说顺正道办事可以（逢凶）化吉。"出门交有功"，是说不会失误。

第二爻的"系小子"，不能兼得。

第三爻的"系丈夫"，是放弃小的。

第四爻的"随有获"，它的意旨是归结于"凶"的。"有孚在道"，以明察建功。

第五爻的"孚于嘉，吉"，位置是正中的。

第六爻的"拘系之"，君上处于困穷之境。

第十八卦:《蛊》

山风《蛊》，

艮上巽下。

《蛊》，元亨。利涉大川。先甲三日，后甲三日。

初六：干父之蛊，有子，考无咎。厉，终吉。

九二：干母之蛊，不可贞。

九三：干父之蛊，小有悔，无大咎。

六四：裕父之蛊，往见吝。

六五：干父之蛊，用誉。

上九：不事王侯，高尚其事。

《彖》曰：《蛊》，刚上而柔下，巽而止，《蛊》。"《蛊》，元亨"，而天下治也。"利涉大川"，往有事也。"先甲三日，后甲三日"，终则有始，天行也。

【译文】

《蛊》是艮上巽下，阳刚在上阴柔在下，象征谦逊而静止的品格。卦辞断为"元亨"，是说天下如此可获治平。所说"利涉大川"，出门有所事事。"先甲三日，后甲三日"，终始循环，是天道的规律。

《象》曰：山下有风，《蛊》。君子以振民育德。

"干父之蛊"，意承考也。

"干母之蛊"，得中道也。

"干父之蛊"，终无咎也。

"裕父之蛊"，往未得也。

"干父""用誉"，承以德也。

"不事王侯"，志可则也。

【译文】

《蛊》（是艮上巽下，也就）是山下有风。君子遵循此

153

道来振作民心，培养其德性。

第一爻的"干父之蛊"，意思是继承父亲的事业。

第二爻的"干母之蛊"，得到中道。

第三爻的"干父之蛊"，（虽有小失误，但）结果没有问题。

第四爻的"裕父之蛊"，前进却没有成果。

第五爻的"干父""用誉"，靠道德来继承（父业）。

第六爻的"不事王侯"，这样的志向可以效法。

第十九卦《临》

地泽《临》，

坤上兑下。

《临》，元亨，利贞。至于八月有凶。

初九：咸临，贞吉。

九二：咸临，吉，无不利。

六三：甘临，无攸利。既忧之，无咎。

六四：至临，无咎。

六五：知临，大君之宜，吉。

上六：敦临，吉，无咎。

《象》曰:《临》,刚浸而长,说而顺,刚中而应。大
"亨"以正,天之道也。"至于八月有凶",消不久也。

【译文】

　　《临》是坤上兑下,象征愉悦而平顺的状态,阳刚之
爻(由下而上)渐渐发展,下卦居中的阳爻得到了上卦居
中的阴爻的呼应。十分通顺平正,体现出天道。卦辞所讲
的"至于八月有凶",是说(到了八月)阳气消减不能持
久了。

　　《象》曰:泽上有地,《临》。君子以教思无穷,容保民无疆。
"咸临,贞吉",志行正也。
"咸临,吉,无不利",未顺命也。
"甘临",位不当也。"既忧之",咎不长也。
"至临,无咎",位当也。
"大君之宜",行中之谓也。
"敦临"之"吉",志在内也。

【译文】

　　《临》是兑上有坤,也就是泽上有地。君子依据此道
教化、挂念、包容、保护民众没有止境。
　　第一爻的"咸临,贞吉",是志行端正的结果。
　　第二爻的"咸临,吉,无不利",是因为民众不服从

命令（所以要"咸临"——猛政威临）。

　　第三爻的"甘临"，与其地位不适当。"既忧之"，（改变之后）问题就不会长期存在了。

　　第四爻的"至临，无咎"，与其地位相适宜。

　　第五爻的"大君之宜"，是说这是正确的行为方式。

　　第六爻的"敦临"之"吉"，（敦厚的）志向存于心中。

第二十卦：《观》

风地《观》，

巽上坤下。

　　《观》，盥而不荐，有孚颙若。

　　初六：童观，小人无咎，君子吝。

　　六二：窥观，利女贞。

　　六三：观我生，进退。

　　六四：观国之光，利用宾于王。

　　九五：观我生，君子无咎。

　　上九：观其生，君子无咎。

　　《彖》曰：大观在上，顺而巽，中正以观天下，《观》。"盥而不荐，有孚颙若"，下观而化也。观天之神道，而四时不忒。圣人以神道设教，而天下服矣。

【译文】

　　《观》是巽上坤下，象征君主在上遍观臣民，上下皆处于谦逊而平顺的状态。卦辞所讲"盥而不荐，有孚颙若"，是说臣民观君王敬神之礼而受到感化。观察上天神道的彰显，是由四季轮替从不紊乱。圣人依靠神道设立教化，而天下就都会服从了。

　　《象》曰：风行地上，《观》。先王以省方观民设教。
　　"初六，童观"，小人道也。
　　"窥观""女贞"，亦可丑也。
　　"观我生，进退"，未失道也。
　　"观国之光"，尚"宾"也。
　　"观我生"，观民也。
　　"观其生"，志未平也。

【译文】

　　《观》是坤上有巽，也就是风行于地上，象征君主巡视邦国、观察民众、设立教化。
　　第一爻的"初六，童观"，是说小人的眼界。
　　第二爻的"窥观""女贞"，（即使女子贞正）也是羞耻的行为。

第三爻的"观我生，进退"，没有失去正确的方法。

第四爻的"观国之光"，是向上来做君王的宾客。

第五爻的"观我生"，是观察民众。

第六爻的"观其生"，心中还不满足（于观察"我生"）。

第二十一卦：《噬嗑》

火雷《噬嗑》，

离上震下。

《噬嗑》，亨。利用狱。

初九：屦校灭趾，无咎。

六二：噬肤灭鼻，无咎。

六三：噬腊肉，遇毒，小吝，无咎。

九四：噬乾胏，得金矢，利艰贞，吉。

六五：噬乾肉，得黄金，贞，厉，无咎。

上九：何校灭耳，凶。

《象》曰：颐中有物，曰《噬嗑》。"《噬嗑》"而"亨"。刚柔分，动而明，雷电合而章。柔得中而上行，虽不当位，"利用狱"也。

　　《噬嗑》是象征颐中有物。卦辞说"亨"，是因为（下卦震为阳刚，上卦离为阴柔）阴阳分明，雷动而火明，雷电相合而彰显。上下卦都是阴爻居中位，而呈现由下而上的态势，虽然位置并不都适当，但利于诉讼。

　　《象》曰：雷电，《噬嗑》。先王以明罚敕法。

　　"屦校灭趾"，不行也。

　　"噬肤灭鼻"，乘刚也。

　　"遇毒"，位不当也。

　　"利艰贞，吉"，未光也。

　　"贞，厉，无咎"，得当也。

　　"何校灭耳"，聪不明也。

【译文】

　　《噬嗑》是离上震下，象征雷电（离火与电光相通）。先王用来申明刑罚修正法律。

　　第一爻的"屦校灭趾"，是说（经过惩戒）不再犯罪。

　　第二爻的"噬肤灭鼻"，（这种严厉惩罚是因为）以贱犯贵。

　　第三爻的"遇毒"，位置不适当。

　　第四爻的"利艰贞，吉"，但还没有进入光明的境界。

　　第五爻的"贞，厉，无咎"，（位置）是得当的。

第六爻的"何校灭耳"，是听不明白（道理导致的）。

第二十二卦:《贲》

山火《贲》，

艮上离下。

《贲》，亨。小利有攸往。

初九：贲其趾，舍车而徒。

六二：贲其须。

九三：贲如濡如，永贞，吉。

六四：贲如皤如，白马翰如，匪寇，婚媾。

六五：贲于丘园，束帛戋戋，吝，终吉。

上九：白贲，无咎。

《彖》曰:"《贲》，亨"，柔来而文刚，故"亨"。分，刚上而文柔，故"小利有攸往"。刚柔交错，天文也；文明以止，人文也。观乎天文，以察时变；观乎人文，以化成天下。

【译文】

《贲》主通顺，是艮上离下，下面的阴柔来文饰上卦的阳刚，所以说"亨"。刚柔各循其分，阳刚居上，阴柔

160

处下而来文饰（辅弼），所以说"小利有攸往"。阴阳刚柔相交错，就形成了天文；文明而有所止（离火为文明之象，艮山为止），就是人文（的真谛）。观看天文（风云雷电、斗转星移之类）来察知时令的变化；观察人文（社会制度、文化教育之类）来治理好天下。

《象》曰：山下有火，《贲》。君子以明庶政，无敢折狱。

"舍车而徒"，义弗乘也。

"贲其须"，与上兴也。

"永贞"之"吉"，终莫之陵也。

"六四"当位，疑也。"匪寇婚媾"，终无尤也。

"六五"之"吉"，有喜也。

"白贲无咎"，上得志也。

【译文】

《贲》是离下艮上，山下有火。君子据此来明察政务，不肯轻断刑狱。

第一爻的"舍车而徒"，是说（因鞋子漂亮而）不乘车是合适的。

第二爻的"贲其须"，是说要随上而动。

第三爻的"永贞"之"吉"，（品行端正）没有人能来欺凌他。

第四爻的"六四"虽位置适当，却还有疑虑；"匪寇婚媾"，是说到头来没有麻烦。

第五爻的"六五"之"吉"，是有喜事。

第六爻的"白贲无咎"，处上位而得志。

第二十三卦：《剥》

山地《剥》，

艮上坤下。

《剥》，不利有攸往。

初六：剥床以足，蔑贞，凶。

六二：剥床以辨，蔑贞，凶。

六三：剥之，无咎。

六四：剥床以肤，凶。

六五：贯鱼以宫人宠，无不利。

上九：硕果不食，君子得舆，小人剥庐。

《彖》曰：《剥》，剥也。柔变刚也。"不利有攸往"，小人长也。顺而止之，观象也。君子尚消息盈虚，天行也。

【译文】

《剥》是艮上坤下，（下五爻的）阴柔变为（上九孤立的）阳刚。之所以说"不利有攸往"，是因为小人的实力增长。从卦象看，是顺从而停止。君子看重事物的消长变化，这里面也体现出天道。

《象》曰：山附于地，《剥》。上以厚下安宅。

"剥床以足"，以灭下也。

"剥床以辨"，未有与也。

"剥之无咎"，失上下也。

"剥床以肤"，切近灾也。

"以宫人宠"，终无尤也。

"君子得舆"，民所载也。"小人剥庐"，终不可用也。

【译文】

　　《剥》象征山依附于地。统治者借鉴此卦（山依托于大地，才不至于剥落崩塌），来厚待下属小民，以换取自己的安居。

　　第一爻的"剥床以足"，是毁坏下面的基础。

　　第二爻的"剥床以辨"，没有人来相助合作。

　　第三爻的"剥之无咎"，失去了上与下（的支持）。

　　第四爻的"剥床以肤"，灾祸切近于身。

　　第五爻的"以宫人宠"，到头来没有过失。

　　第六爻的"君子得舆"，是民众拥戴的。"小人剥庐"，到头来是不能用的。

第二十四卦：《复》

地雷《复》，

坤上震下。

《复》，亨。出入无疾。朋来无咎。反复其道，七日来复。利有攸往。

初九：不远复，无祗悔，元吉。

六二：休复，吉。

六三：频复，厉，无咎。

六四：中行独复。

六五：敦复，无悔。

上六：迷复，凶，有灾眚。用行师，终有大败。以其国君凶，至于十年不克征。

《彖》曰：《复》，亨。刚反，动而以顺行。是以"出入无疾"，"朋来无咎"。"反复其道"，"七日来复"，天行也。"利有攸往"，刚长也。《复》，其见天地之心乎。

【译文】

《复》主通顺，阳爻返回到下面，（震下坤上），是行动而顺利，所以说"出入无疾"，"朋来无咎"。"反复其道"，"七日来复"，是上天运行的规律。"利有攸往"，是因为此卦预示阳刚开始生长。《复》，可以见出天地的用心。

《象》曰：雷在地中，《复》。先王以至日闭关，商旅不行，后不省方。

"不远"之"复"，以修身也。

"休复"之"吉"，以下仁也。

"频复"之"厉"，义无咎也。

"中行独复"，以从道也。

"敦复无悔"，中以自考也。

"迷复"之"凶"，反君道也。

【译文】

《复》是雷在地中。（一阳复始的时刻），先王在这一天要关闭城门，商旅停止活动，君主不去巡视邦国。

第一爻的"不远"之"复"，要修养自身。

第二爻的"休复"之"吉"，要尊崇仁者。

第三爻的"频复"之"厉"，应该是没有祸患的。

第四爻的"中行独复"，是因为追求道义。

第五爻的"敦复无悔"，是因为用正道来考察了自己。

第六爻的"迷复"之"凶"，是国主违背了君道（招致失败）。

第二十五卦：《无妄》

天雷《无妄》，

乾上震下。

《无妄》，元亨，利贞。其匪正有眚，不利有攸往。

初九：无妄往，吉。

六二：不耕获，不菑畬，则利有攸往。

六三：无妄之灾，或系之牛，行人之得，邑人之灾。

九四：可贞，无咎。

九五：无妄之疾，勿药，有喜。

上九：无妄行，有眚，无攸利。

《彖》曰：《无妄》，刚自外来，而为主于内。动而健，刚中而应。"大亨"以正，天之命也。"其匪正有眚，不利有攸往"，无妄之往，何之矣？天命不祐，行矣哉！

【译文】

《无妄》是震下乾上，三个阳爻组成外卦，同时内卦也是阳卦，震下乾上，是行动而强健，而上卦中位为阳爻，与下卦中位的阴爻相应和。整个卦正确又大通顺，体现了天命。之所以说"其匪正有眚，不利有攸往"，是因为妄行能走到哪里呢？走吧，上天不肯保佑的（这里用高亨说，认为"无"字衍文）！

《象》曰：天下雷行，物与，《无妄》。先王以茂对时育万物。

"无妄"之"往"，得志也。

"不耕获"，未富也。

"行人"得牛，"邑人"灾也。

"可贞，无咎"，固有之也。

"无妄"之"药"，不可试也。

"无妄"之"行"，穷之灾也。

【译文】

《无妄》是天下雷动，先王依此努力应时养育万物。

第一爻的"无妄"之"往"，是得志了。

第二爻的"不耕获"，是尚未富裕。

第三爻的"行人"得到了牛，是"邑人"的灾祸。

第四爻的"可贞，无咎"，是原有的（端正品性）。

第五爻的"无妄"之"药"，不可以尝试。

第六爻的"无妄"之"行"，遭遇穷途的灾祸。

第二十六卦：《大畜》

山天《大畜》，

艮上乾下。

《大畜》，利贞。不家食，吉。利涉大川。

初九：有厉，利已。

九二：舆说輹。

九三：良马逐，利艰贞。曰闲舆卫，利有攸往。

六四：童牛之牿，元吉。

六五：豶豕之牙，吉。

上九：何天之衢，亨。

《彖》曰：《大畜》，刚健笃实，辉光日新。其德刚上而尚贤，能止健，大正也。"不家食，吉"，养贤也。"利涉大川"，应乎天也。

【译文】

《大畜》是乾下艮上，天德的刚健和山性的笃实，天光山色日日新颜。山居天上，象征君王崇尚贤才，刚健而有所止，十分端正。卦辞的"不家食，吉"，就是说的供养贤才；"利涉大川"，是因为上应于天。

《象》曰：天在山中，《大畜》。君子以多识前言往行，以畜其德。

"有厉，利已"，不犯灾也。

"舆说輹"，中无尤也。

"利有攸往"，上合志也。

"六四""元吉"，有喜也。

"六五"之"吉"，有庆也。

"何天之衢"，道大行也。

【译文】

《大畜》是乾下艮上，天在山中之象。君子据此多多了解掌握前人的言行，来积蓄德行、能力（等待君主对贤才的启用）。

第一爻的"有厉，利已"，不去招灾。

第二爻的"舆说輹"，中正没有错误。

第三爻的"利有攸往"，合乎上方的志向。

第四爻的"六四""元吉"，有喜事。

第五爻的"六五"之"吉"，有吉庆。

第六爻的"何天之衢"，正道亨通。

第二十七卦:《颐》

山雷《颐》,

艮上震下。

　　《颐》,贞吉。观颐,自求口实。

　　初九:舍尔灵龟,观我朵颐,凶。

　　六二:颠颐拂经于丘颐,征凶。

　　六三:拂颐,贞凶。十年勿用,无攸利。

　　六四:颠颐,吉。虎视眈眈,其欲逐逐,无咎。

　　六五:拂经,居贞吉。不可涉大川。

　　上九:由颐,厉,吉。利涉大川。

　　《彖》曰:《颐》,贞吉。养正则吉也。"观颐",观其所养也。"自求口实",观其自养也。天地养万物,圣人养贤以及万民,《颐》之时大矣哉。

【译文】

　　《颐》是正道而吉庆。养生得到正道就是吉。"观颐",就是观察其奉养的情况。"自求口实",就是观察其自养的情况。天地养育万物,君主奉养贤才以及万民,《颐》卦对时政的意义太大了。

《象》曰：山下有雷，《颐》。君子以慎言语，节饮食。

"观我朵颐"，亦不足贵也。

"六二""征凶"，行失类也。

"十年勿用"，道大悖也。

"颠颐"之"吉"，上施光也。

"居贞"之"吉"，顺以从上也。

"由颐，厉，吉"，大有庆也。

【译文】

《颐》是山下有雷。君子据以谨慎言语，节制饮食。

第一爻的"观我朵颐"，说的是也不值得看重。

第二爻的"六二""征凶"，行为违反准则。

第三爻的"十年勿用"，大大违背了正道。

第四爻的"颠颐"之"吉"，君主恩施广被。

第五爻的"居贞"之"吉"，柔顺服从君上。

第六爻的"由颐，厉，吉"，大有吉庆。

第二十八卦：《大过》

泽风《大过》，

兑上巽下。

《大过》，栋桡，利有攸往，亨。

初六：藉用白茅，无咎。

九二：枯杨生稊，老夫得其女妻，无不利。

九三：栋桡，凶。

九四：栋隆，吉。有它吝。

九五：枯杨生华，老妇得其士夫，无咎无誉。

上六：过涉灭顶，凶。无咎。

《彖》曰：《大过》，大者过也。"栋桡"，本末弱也。刚过而中，巽而说，行。"利有攸往"，乃"亨"。《大过》之时大矣哉。

【译文】

　　《大过》是大的过失。"栋桡"是因为大梁的末端柔弱。（下卦的九二）阳爻不当居于中位。整个卦是巽遇到了兑，（守谦逊之道）便可以行动。因而"利有攸往"，还能顺畅。《大过》卦对时政的意义太大了。

　　《象》曰：泽灭木，《大过》。君子以独立不惧，遁世无闷。

"藉用白茅"，柔在下也。

"老夫""女妻"，过以相与也。

"栋桡"之"凶"，不可以有辅也。

"栋隆"之"吉"，不桡乎下也。

172

"枯杨生华"，何可久也。"老妇""士夫"，亦可丑也。

"过涉"之"凶"，不可咎也。

【译文】

《大过》是湖泽淹没了木船。君子当此时应独立而无所畏惧，隐居而不苦闷。

第一爻的"藉用白茅"，柔软的居于下位。

第二爻的"老夫""女妻"，是错误的相配。

第三爻的"栋桡"之"凶"，不能够有所补救。

第四爻的"栋隆"之"吉"，不向下弯曲啊。

第五爻的"枯杨生华"，怎么能够长久呢。"老妇""士夫"，也是可耻的事情。

第六爻的"过涉"之"凶"，不会有祸灾。

第二十九卦：《坎》

《坎》为水，

坎上坎下。

习《坎》，有孚，维心，亨。行有尚。

初六：习坎，入于坎窞，凶。

九二：坎有险，求小得。

六三：来之坎坎，险且枕，入于坎窞，勿用。

六四：樽酒簋贰，用缶，纳约自牖，终无咎。

九五：坎不盈，祗既平，无咎。

上六：系用徽缠，寘于丛棘，三岁不得，凶。

《象》曰：习"坎"，重险也。水流而不盈，行险而不失其信。"维心，亨"，乃以刚中也。"行有尚"，往有功也。天险不可升也，地险山川丘陵也，王公设险以守其国。"险"之时用大矣哉。

【译文】

《坎》是两个坎的重叠，是双重的危险。水流注而不满盈，行动在危险中而不失其诚信。卦辞讲"维心，亨"，是因为上下卦的中位都是阳爻。"行有尚"，说的是行动将有功获赏。天的险要在于无法攀升，地的险要在于山川丘陵，王工要设置险阻来守卫自己的国家。"险"对于时政的作用太大了。

《象》曰：水洊至，习《坎》。君子以常德行，习教事。

"习坎""入坎"，失道凶也。

"求小得"，未出中也。

"来之坎坎"，终无功也。

"樽酒簋贰"，刚柔际也。

"坎不盈"，中未大也。

"上六"失道，凶三岁也。

【译文】

《坎》是水连续到来。君子（受此启发）时常修养德性，熟悉教育的事宜。

第一爻的"习坎""入坎"，迷失道路遭遇凶险。

第二爻的"求小得"，没有离去中道。

第三爻的"来之坎坎"，到头来没有功绩。

第四爻的"樽酒簋贰"，是刚柔相接触的时机。

第五爻的"坎不盈"，中正之道还不够强大。

第六爻的"上六"失去正道，凶兆。

第三十卦：《离》

《离》为火，

离上离下。

《离》，利贞。亨。畜牝牛，吉。

初九：履错然，敬之无咎。

六二：黄离，元吉。

九三：日昃之离，不鼓缶而歌，则大耋之嗟，凶。

九四：突如，其来如，焚如，死如，弃如。

六五：出涕沱若，戚嗟若，吉。

上九：王用出征，有嘉折首，获匪其丑，无咎。

《彖》曰：《离》，丽也。日月丽乎天，百谷草木丽乎土，重明以丽乎正，乃化成天下。柔丽乎中正，故亨。是以"畜牝牛，吉"也。

【译文】

　　《离》是"丽"，"附丽"的意思。日月附丽在天上，百谷草木在大地上。双重的光明（两个离）附着在正道上，就能够教化成就天下万物。两个阴爻都居于卦的中位，所以得到亨通。因此卦辞说"畜牝牛，吉"。

　　《象》曰：明两作，《离》。大人以继明照于四方。

　　"履错"之"敬"，以辟咎也。

　　"黄离，元吉"，得中道也。

　　"日昃之离"，何可久也。

　　"突如，其来如"，无所容也。

　　"六五"之"吉"，离王公也。

　　"王用出征"，以正邦也。"获匪其丑"，大有功也。

【译文】

　　《离》是光明重复出现。君主以连续的光明照耀于四方。

176

第一爻的"履错"之"敬"，用来避开祸害。

第二爻的"黄离，元吉"，得到了中道。

第三爻的"日昃之离"，怎么能够长久呢。

第四爻的"突如，其来如"，无处可以容身。

第五爻的"六五"之"吉"，附着于王公（得到其庇护）。

第六爻的"王用出征"，来安定国家。"获匪其丑"，大有功劳。

第三十一卦：《咸》

泽山《咸》，

兑上艮下。

《咸》，亨。利贞。取女吉。

初六：咸其拇。

六二：咸其腓，凶。居吉。

九三：咸其股，执其随，往吝。

九四：贞吉，悔亡。憧憧往来，朋从尔思。

九五：咸其脢，无悔。

上六：咸其辅、颊、舌。

《象》曰：《咸》，感也。柔上而刚下，二气感应以相与。

止而说，男下女，是以"亨，利贞，取女吉"也。天地感，而万物化生；圣人感人心，而天下和平。观其所感，而天地万物之情可见矣。

【译文】

《咸》是"感"，"感应"的意思。上兑下艮，柔在上而刚在下，二气感应来共处。艮为止而兑为说，（艮象征男性，兑象征女性），男性甘心处于女性之下，所以说"亨，利贞，取女吉"也。天地交感，而万物得以化生；圣人感化人心，而天下得以和平。观察互相感应之处，而天地万物的情状都可以看清了。

《象》曰：山上有泽，《咸》。君子以虚受人。
"咸其拇"，志在外也。
虽"凶，居吉"，顺不害也。
"咸其股"，亦不处也。志在随人，所执下也。
"贞吉，悔亡"，未感害也。"憧憧往来"，未光大也。
"咸其脢"，志末也。
"咸其辅、颊、舌"，滕口说也。

【译文】

《咸》，上兑下艮，是山上有泽的意思。君子借鉴卦理，虚心待人（能够和人感发交流）。

第一爻的"咸其拇"，意在出外。

第二爻的虽"凶，居吉"，顺势不出就不会受到伤害。

第三爻的"咸其股"，也不安处（家中），只想跟随他人，甘处人下。

第四爻的"贞吉，悔亡"，不感受到灾祸。"憧憧往来"，（所交往的范围）犹未广大。

第五爻的"咸其脢"，用心在小事上。

第六爻的"咸其辅、颊、舌"，逞其口舌之利。

第三十二卦:《恒》

雷风《恒》，

震上巽下。

《恒》，亨，无咎，利贞。利有攸往。

初六：浚恒，贞凶，无攸利。

九二：悔亡。

九三：不恒其德，或承之羞，贞吝。

九四：田无禽。

六五：恒其德，贞，妇人吉，夫子凶。

上六：振恒，凶。

《彖》曰:《恒》，久也。刚上而柔下，雷风相与，巽而动，刚柔皆应，《恒》。"《恒》，亨，无咎，利贞"，久于其道也。天地之道，恒久而不已也。"利有攸往"，终则有始也。日月得天，而能久照，四时变化，而能久成。圣人久于其道，而天下化成。观其所恒，而天地万物之情可见矣。

【译文】

《恒》是"长久"的意思。上震下巽，刚在上而柔在下，雷和风相处，震之雷与巽之风，上卦与下卦每一爻都是刚柔相呼应的。卦辞讲"《恒》，亨，无咎，利贞"，是说此卦所象征的是恒久的情况，也就是天地之道，恒久而不会停止。"利有攸往"，终结的同时又是新的开始。日月在天上能够长久照耀，四时的变化同样能持久不变。圣人很早就掌握了这一妙道，所以能教化成就天下。观察此卦恒久的道理，就可以看明白天地万物之情。

《象》曰：雷风，《恒》，君子以立不易方。

"浚恒"之"凶"，始求深也。

"九二，悔亡"，能久中也。

"不恒其德"，无所容也。

久非其位，安得禽也。

"妇人"贞吉，从一而终也。"夫子"制义，从妇凶也。

"振恒"在上，大无功也。

【译文】

《恒》是雷风相遇。君子借鉴此卦卦理，确立（治国立身之）道，持之以恒而不轻加变更。

第一爻的"浚恒"之"凶"，危险始于过分求深。

第二爻的"九二，悔亡"，能够持久处于中正之道。

第三爻的"不恒其德"，无处可以容身。

第四爻说的是长久处于不适当的位置，怎么能够捕获猎物呢。

第五爻的"妇人"贞吉，是因为她从一而终。"夫子"应因时制宜，也像妇人（执一不变）就会陷入凶险。

第六爻的"振恒"在上，严重地处于无用功状态。

第三十三卦：《遁》

天山《遁》，

乾上艮下。

《遁》，亨。小利贞。

初六：遁尾，厉。勿用有攸往。

六二：执之用黄牛之革，莫之胜，说。

九三：系遁，有疾厉，畜臣妾吉。

九四：好遁，君子吉，小人否。

九五：嘉遁，贞吉。

上九：肥遁，无不利。

《象》曰："《遁》，亨"，遁而亨也。刚当位而应，与时行也。小利贞，浸而长也。《遁》之时义大矣哉。

【译文】

卦辞讲"《遁》，亨"，是说隐遁之道亨通。《遁》是上乾下艮，阳爻在外卦之中，正当"九五"之位，又与内卦的"六二"的阴柔相应，（象征君子处外，小人处内），（君子）是因时势而动（及时隐退）。（"六二"居中，象征）小人的势力处于有利位置，渐渐滋长起来了。《遁》卦对于时政的作用太大了。

《象》曰：天下有山，《遁》。君子以远小人，不恶而严。

"遁尾"之"厉"，不往何灾也。

"执""用黄牛"，固志也。

"系遁"之"厉"，有疾惫也。"畜臣妾吉"，不可大事也。

"君子""好遁"，"小人否"也。

"嘉遁""贞吉"，以正志也。

"肥遁，无不利"，无所疑也。

【译文】

《遁》是"天下有山"。象征君子远离小人，不以恶制恶，而是严厉防范。

第一爻的"遁尾"之"厉"，是说如果不去怎么会有灾祸呢。

第二爻的"执""用黄牛"，比喻加固志向。

第三爻的"系遁"之"厉"，像有病一样疲惫。"畜臣妾吉"，不可从事大事。

第四爻的"君子""好遁"，是说"小人"不适宜。

第五爻的"嘉遁""贞吉"，因为恪守中正之道。

第六爻的"肥遁，无不利"，无可怀疑。

第三十四卦：《大壮》

雷天《大壮》，

震上乾下。

《大壮》，利贞。

初九：壮于趾，征凶，有孚。

九二：贞吉。

九三：小人用壮，君子用罔，贞厉。羝羊触藩，羸其角。

183

九四：贞吉，悔亡。藩决不羸，壮于大舆之辐。

六五：丧羊于易，无悔。

上六：羝羊触藩，不能退，不能遂，无攸利，艰则吉。

《彖》曰：《大壮》，大者，壮也。刚以动，故壮。"《大壮》利贞"，大者，正也。正大而天地之情可见矣。

【译文】

《大壮》是"又大又强壮"的意思。上震下乾，乾刚健而震运动，所以说是"强壮"。卦辞讲"《大壮》利贞"，这里的"大"就有"正"的意思。"正大"就显示出天地的情状。

《象》曰：雷在天上，《大壮》。君子以非礼弗履。

"壮于趾"，其孚穷也。

"九二，贞吉"，以中也。

"小人用壮"，"君子""罔"也。

"藩决不羸"，尚往也。

"丧羊于易"，位不当也。

"不能退，不能遂"，不详也。"艰则吉"，咎不长也。

【译文】

《大壮》是雷在天上。君子借鉴卦理，不合于礼制的事情不去做。

第一爻的"壮于趾"，必然困穷。

第二爻的"九二，贞吉"，因为守中正之道。

第三爻的"小人用壮"，"君子"不这样。

第四爻的"藩决不羸"，还要前行。

第五爻的"丧羊于易"，（阴爻处阳位）位置不适当。

第六爻的"不能退，不能遂"，是不祥之兆。"艰则吉"，灾祸不会久长。

第三十五卦：《晋》

火地《晋》，

离上坤下。

《晋》，康侯用锡马蕃庶，昼日三接。

初六：晋如，摧如，贞吉。罔孚，裕无咎。

六二：晋如，愁如，贞吉。受兹介福，于其王母。

六三：众允，悔亡。

九四：晋如，鼫鼠，贞厉。

六五：悔亡，失得，勿恤。往吉，无不利。

上九：晋其角，维用伐邑，厉、吉、无咎，贞吝。

《象》曰：《晋》，进也。明出地上。顺而丽乎大明，柔进而上行，是以"康侯用锡马蕃庶，昼日三接"也。

【译文】

《晋》是"前进"的意思。上离下坤，光明出于地上，驯顺又附丽在大明上，阴柔之爻逐渐上行，所以能够"康侯用锡马蕃庶，昼日三接"。

《象》曰：明出地上，《晋》。君子以自昭明德。

"晋如，摧如"，独行正也。"裕无咎"，未受命也。

"受兹介福"，以中正也。

"众允"之志，上行也。

"鼫鼠，贞厉"，位不当也。

"失得，勿恤"，往有庆也。

"维用伐邑"，道未光也。

【译文】

《晋》是"光明出于地上"的意思。君子仿效卦理使自己的美好德性更加昭著。

第一爻的"晋如，摧如"，独立行动走的是正路。"裕无咎"，没有接受命令。

第二爻的"受兹介福"，因为恪守中正之道。

第三爻的"众允"之志，还可以前进。

第四爻的"鼫鼠，贞厉"，是位置不恰当的原因。

第五爻的"失得，勿恤"，前往有吉庆。

第六爻的"维用伐邑"，王道没有光大。

第三十六卦：《明夷》

地火《明夷》，

坤上离下。

《明夷》，利艰贞。

初九：明夷于飞，垂其翼。君子于行，三日不食。有攸往，主人有言。

六二：明夷，夷于左股。用拯马，壮吉。

九三：明夷于南狩，得其大首。不可疾贞。

六四：入于左腹，获明夷。之心于出门庭。

六五：箕子之明夷，利贞。

上六：不明，晦。初登于天，后入于地。

《彖》曰：明入地中，《明夷》。内文明而外柔顺，以蒙大难，文王以之。"利艰贞"，晦其明也。内难而能正其志，箕子以之。

【译文】

《明夷》是"光明入于地下"的意思。内卦是离，外卦是坤，所以说是内在文明（火为明）外表柔顺，周文王就是这样遭受的大难。卦辞讲"利艰贞"，是（如同卦象显示的太阳落入地下）隐藏起自己的光辉。箕子正是这样，在朝中处于艰难境地，还能保持正确的志向。

《象》曰：明入地中，《明夷》。君子以莅众，用晦而明。

"君子于行"，义"不食"也。

"六二"之"吉"，顺以则也。

"南狩"之志，乃大得也。

"入于左腹"，获心意也。

"箕子"之"贞"，明不可息也。

"初登于天"，照四国也。"后入于地"，失则也。

【译文】

《明夷》是"光明入于地下"的意思。君子仿效卦理，治理民众时，外在宽松，内心明察（近乎"人至察则无徒"）。

第一爻的"君子于行"，守义而"不食"（近乎"不食嗟来之食"）。

第二爻的"六二"之"吉"，顺从于规则。

第三爻的"南狩"之志，是有大的收获。

第四爻的"入于左腹"，内省而有所得。

第五爻的"箕子"之"贞"，他的明德是不可灭的。

第六爻的"初登于天"，光辉照耀四方的邦国。"后入于地"，失去了法度（而没落）。

第三十七卦：《家人》

风火《家人》，

巽上离下。

《家人》，利女贞。

初九：闲有家，悔亡。

六二：无攸遂，在中馈，贞吉。

九三：家人嗃嗃，悔、厉，吉。妇子嘻嘻，终吝。

六四：富家，大吉。

九五：王假有家，勿恤，吉。

上九：有孚，威如，终吉。

《彖》曰：《家人》，女正位乎内，男正位乎外。男女正，天地之大义也。家人有严君焉，父母之谓也。父父，子子，兄兄，弟弟，夫夫，妇妇，而家道正。正家，而天下定矣。

【译文】

　　《家人》，内卦是离，其中位阴爻，外卦是巽，其中位阳爻，以此象征家庭关系，女性正位主内，男性正位主外。男女如此分工端正，是天地的大道理。家中有尊严的主人，就是父母。父亲要像父亲，儿子要像儿子，兄长要像兄长，弟弟要像弟弟，丈夫要像丈夫，妻子要像妻子，这样家庭的规范端正。家庭的规范端正，（作为基础）天下就安定了。

《象》曰：风自火出，《家人》。君子以言有物而行有恒。

"闲有家"，志未变也。

"六二"之"吉"，顺以巽也。

"家人嗃嗃"，未失也。"妇子嘻嘻"，失家节也。

"富家大吉"，顺在位也。

"王假有家"，交相爱也。

"威如"之"吉"，反身之谓也。

【译文】

　　《家人》的卦象是"风从火中出"。君子体察卦理，言论要有内容，行为要有准则。

　　第一爻的"闲有家"，是要用心防患于未然。

　　第二爻的"六二"之"吉"，顺从而又谦逊。

　　第三爻的"家人嗃嗃"，没有过失。"妇子嘻嘻"，失去了家规。

第四爻的"富家大吉",（阴爻居阴位）顺利在于地位适当。

第五爻的"王假有家",家人互相亲爱。

第六爻的"威如"之"吉",说的是要反求于己身。

第三十八卦:《睽》

火泽《睽》,

离上兑下。

《睽》,小事吉。

初九:悔亡。丧马勿逐自复。见恶人,无咎。

九二:遇主于巷,无咎。

六三:见舆曳,其牛掣,其人天且劓,无初有终。

九四:睽孤,遇元夫,交孚,厉,无咎。

六五:悔亡。厥宗噬肤,往何咎。

上九:睽孤,见豕负涂,载鬼一车,先张之弧,后说之弧,匪寇,婚媾,往遇雨则吉。

《彖》曰:《睽》,火动而上,泽动而下。二女同居,其志不同行。说而丽乎明,柔进而上行,得中而应乎刚,是以"小事吉"。天地睽，而其事同也。男女睽，而其志通也。万物睽，而其事类也。《睽》之时用大矣哉。

【译文】

《睽》，火动而上，泽动而下。（离为中女，兑为少女），两个女子居住在一起（组成家庭），她们在（实现家庭功能上）难能达成共识。下卦兑附丽到上卦的离，两个阴卦逐渐地向上发展，上面的"六五"阴爻居于中位而呼应着"九二"的阳刚，所以"小事吉"。天地是相反的，而二者化生万物的事业是相同的。男女性别是相反的，而在（实现家庭功能上）他们的想法是相通的。万物都存在着"睽"的现象，发生的那些事与此相类似。《睽》卦对于时政的作用太大了。

《象》曰：上火下泽，《睽》。君子以同而异。
"见恶人"，以辟咎也。
"遇主于巷"，未失道也。
"见舆曳"，位不当也。"无初有终"，遇刚也。
"交孚""无咎"，志行也。
"厥宗噬肤"，往有庆也。
"遇雨"之"吉"，群疑亡也。

【译文】

《睽》，火动而上，泽动而下。君子借鉴此卦来同中

192

求异，异中求同。

第一爻的"见恶人"，来避开灾祸。

第二爻的"遇主于巷"，没有失去正途。

第三爻的"见舆曳"，位置不够恰当。"无初有终"，此爻上行将遇到阳爻，象征将得到有力量的人帮助。

第四爻的"交孚""无咎"，志向得以实行。

第五爻的"厥宗噬肤"，前往有吉庆之事。

第六爻的"遇雨"之"吉"，大家的猜疑都消失了。

第三十九卦：《蹇》

水山《蹇》，

坎上艮下。

《蹇》，利西南，不利东北。利见大人。贞吉。

初六：往蹇来誉。

六二：王臣蹇蹇，匪躬之故。

九三：往蹇来反。

六四：往蹇来连。

九五：大蹇朋来。

上六：往蹇来硕，吉，利见大人。

《彖》曰:《蹇》，难也，险在前也。见险而能止，知矣哉。"《蹇》，利西南"，往得中也。"不利东北"，其道穷也。"利见大人"，往有功也。当位"贞吉"，以正邦也。《蹇》之时用大矣哉。

【译文】

《蹇》是"艰难"的意思。外卦是坎，所以说前方有危险；内卦是艮，所以说遇到危险而知道停止——这是智慧的表现。"《蹇》，利西南"，是说向那个方向去，是坦途正道。"不利东北"，是说那边穷途末路。"利见大人"，是说（向西南）去了会成功。君臣各在适当的位置上（指上卦中位是阳爻，下卦中位是阴爻）可以"贞吉"，据此可以治理好国政。《蹇》卦对于时政的作用太大了。

《象》曰：山上有水,《蹇》。君子以反身修德。
"往蹇来誉"，宜待也。
"王臣蹇蹇"，终无尤也。
"往蹇来返"，内喜之也。
"往蹇来连"，当位实也。
"大蹇朋来"，以中节也。
"往蹇来硕"，志在内也。"利见大人"，以从贵也。

【译文】

《蹇》的卦象是"山上有水"。君子借鉴卦理反省自身，修养德性。

第一爻的"往蹇来誉"，是说应该等待。

第二爻的"王臣蹇蹇"，到头来没有错误。

第三爻的"往蹇来返"，内心喜欢。

第四爻的"往蹇来连"，（阴爻处阴位）因地位恰当而获得富足。

第五爻的"大蹇朋来"，（阳爻处上卦中位，象征）因恪守中正节操（而得到朋友相助）。

第六爻的"往蹇来硕"，（这一爻与）内卦上爻相呼应（就会"来硕"——归于内得到硕果）。"利见大人"，是因为跟随了贵人。

第四十卦:《解》

雷水《解》，

震上坎下。

《解》，利西南。无所往，其来复，吉。有攸往，夙吉。

初六：无咎。

九二：田获三狐，得黄矢，贞吉。

六三：负且乘，致寇至，贞吝。

九四：解而拇，朋至斯孚。

六五：君子维有解，吉。有孚于小人。

上六：公用射隼于高墉之上，获之，无不利。

《象》曰：《解》，险以动，动而免乎险，《解》。《解》，"利西南"，往得众也。"其来复，吉"，乃得中也。"有攸往，夙吉"，往有功也。天地解而雷雨作，雷雨作而百果草木皆甲坼。《解》之时大矣哉。

【译文】

《解》，（震动而上，坎险而下，合到一起是）风险中行动，因行动而免除危险。卦辞讲"利西南"，是因为向那边去会得到众人的帮助。讲"其来复，吉"，是因为走了正道。"有攸往，夙吉"，前往就会有功绩。天地舒解（解脱了寒冬的凝固）而雷雨兴动（震为雷，坎为水、为雨），雷雨兴动而百果草木开始抽枝生叶。《解》卦应时而兴，太重要了。

《象》曰：雷雨作，《解》。君子以赦过宥罪。

刚柔之际，义"无咎"也。

"九二""贞吉"，得中道也。

"负且乘"，亦可丑也。自我致戎，又谁咎也。

"解而拇"，未当位也。

"君子""有解"，小人退也。

"公用射隼"，以解悖也。

196

【译文】

《解》，震遇坎，雷雨大作火。君子借鉴卦理来赦免罪过（近于"解除""解脱"之义）。

第一爻向上是阳爻，处在刚柔交接的位置，应该是"无咎"的。

第二爻的"九二""贞吉"，是因为得到了居中的位置。

第三爻的"负且乘"，也是愚蠢可笑的做法，自己招来了强盗，又能怨到谁呢（近于"慢藏诲盗"的意思）。

第四爻的"解而拇"，是不称职的意思。

第五爻的"君子""有解"，小人退位。

第六爻的"公用射隼"，象征除去强暴。

第四十一卦：《损》

山泽《损》，

艮上兑下。

《损》，有孚，元吉，无咎。可贞。利有攸往。曷之用二簋，可用享。

初九：已事遄往，无咎，酌损之。

九二：利贞。征凶，弗损，益之。

六三：三人行，则损一人。一人行，则得其友。

六四：损其疾，使遄有喜，无咎。

六五：或益之十朋之龟，弗克违，元吉。

上九：弗损，益之，无咎，贞吉。利有攸往，得臣无家。

《彖》曰：《损》，损下益上，其道上行。损而"有孚，元吉，无咎。可贞。利有攸往。曷之用二簋，可用享"，二簋应有时。损刚益柔有时，损益盈虚，与时偕行。

【译文】

《损》，损减下方的小民，增益上方的权贵（下方的兑阴柔，象征弱势的小民；上方的艮阳刚，象征强势的权贵），这是由上方的权贵制定的法则。"损"却能够"有孚，元吉，无咎。可贞。利有攸往。曷之用二簋，可用享"，是因为如同祭祀时可以从简只用两个小盆的饭，是因时制宜。适度损减强势一方，增益弱势一方，是根据当时的形势来决定的。

《象》曰：山下有泽，《损》。君子以惩忿窒欲。

"己事遄往"，尚合志也。

"九二，利贞"，中以为志也。

"一人行"，"三"则疑也。

"损其疾"，亦可喜也。

"六五""元吉"，自上祐也。

"弗损，益之"，大得志也。

【译文】

《损》，（艮居上，兑在下，合到一起是）山下有湖泊（比喻权贵与小民的关系）。君子借鉴卦理控制自己的情绪与欲望。

第一爻的"已事遄往"，还是符合心意的。

第二爻的"九二，利贞"，以中正之道为志向。

第三爻的"一人行"，"三"就会有猜疑、分歧。

第四爻的"损其疾"，也是值得高兴的。

第五爻的"六五""元吉"，这是上天保佑啊。

第六爻的"弗损，益之"，大为得志。

第四十二卦：《益》

风雷《益》，

巽上震下。

《益》，利有攸往。利涉大川。

初九：利用为大作，元吉，无咎。

199

六二：或益之十朋之龟，弗克违。永贞吉。王用享于帝，吉。

六三：益之用凶事，无咎，有孚。中行告公用圭。

六四：中行告公，从，利用为依迁国。

九五：有孚，惠心，勿问，元吉。有孚，惠我德。

上九：莫益之，或击之，立心勿恒，凶。

《彖》曰：《益》，损上益下，民说无疆。自上下下，其道大光。"利有攸往"，中正有庆。"利涉大川"，木道乃行。《益》动而巽，日进无疆。天施地生，其益无方。凡益之道，与时偕行。

【译文】

《益》，损减上方的权贵，增益下方的小民。由上方的强势阶层主动地向下方的弱势阶层表达谦让，这是十分光明正大的政道。"利有攸往"，是因为中正而有喜庆之事。"利涉大川"，（巽属木，震性动，巽上震下是木船借水势而动之象），是像木船一样前行。《益》卦这样的既行动（震）又谦逊（巽），每天都会有收益，前途无量。天地生育万物，不分疆域地增益、帮助万物。这样的增益之道，是根据当时的形势来决定（具体做法）的。

《象》曰：风雷，《益》。君子以见善则迁，有过则改。

"元吉，无咎"，下不厚事也。

"或益之"，自外来也。

"益""用凶事"，固有之也。

"告公从"，以益志也。

"有孚，惠心"，勿问之矣。"惠我德"，大得志也。

"莫益之"，偏辞也。"或击之"，自外来也。

【译文】

《益》，卦象是"风"与"雷"。君子借鉴卦理，见到善行就学习，有了过失就改正。

第一爻的"元吉，无咎"，民众出工不肯落后。

第二爻的"或益之"，（宝贝）是从外面来的。

第三爻的"益""用凶事"，本来就有的。

第四爻的"告公从"，用来增强意志、己见。

第五爻的"有孚，惠心"，不要问他了。"惠我德"，十分得志了。

第六爻的"莫益之"，是普遍的说法。"或击之"，是从外面来的。

第四十三卦：《夬》

泽天《夬》，

兑上乾下。

《夬》，扬于王庭。孚号，有厉。告自邑，不利即戎，利有攸往。

初九：壮于前趾，往不胜，为咎。

九二：惕号，莫夜有戎，勿恤。

九三：壮于頄，有凶。君子夬夬，独行。遇雨若濡，有愠，无咎。

九四：臀无肤，其行次且。牵羊悔亡。闻言不信。

九五：苋陆夬夬，中行无咎。

上六：无号，终有凶。

《象》曰：《夬》，决也，刚决柔也。健而说，决而和。"扬于王庭"，柔乘五刚也。"孚号，有厉"，其危乃光也。"告自邑，不利即戎"，所尚乃穷也。"利有攸往"，刚长乃终也。

【译文】

《夬》是"决定"的意思。外卦是兑，性属阴柔；内卦是乾，性属阳刚。所以是阳刚决定、支配了阴柔。整个卦来看，是刚健而愉悦，决断而和谐。"扬于王庭"，指的是一个阴爻凌驾到五个阳爻之上。"孚号，有厉"，这种危险会变得很大。"告自邑，不利即戎"，一味崇尚武力的道路是行不通的。"利有攸往"，指的是发展下去阳刚实力增长，阴柔得势的局面就会终结。

《象》曰：泽上于天，《夬》。君子以施禄及下，居德则忌。

"不胜"而"往",咎也。

"有戎勿恤",得中道也。

"君子夬夬",终无咎也。

"其行次且",位不当也。"闻言不信",聪不明也。

"中行无咎",中未光也。

"无号"之"凶",终不可长也。

【译文】

　　《夬》是"泽在天上"。君子应分俸禄给小民,但若以此自居于有德,则是犯忌讳的事情。

　　第一爻的"不胜"而"往",是一个错误。

　　第二爻的"有戎勿恤",是得到中正之道。

　　第三爻的"君子夬夬",到头来没有问题。

　　第四爻的"其行次且",是位置不恰当。"闻言不信",听觉出了问题。

　　第五爻的"中行无咎",(九五的)中正之道还没有光大。

　　第六爻的"无号"之"凶",最终是不能长久的。

第四十四卦《姤》

天风《姤》,

乾上巽下。

《姤》, 女壮, 勿用取女。

初六: 系于金柅, 贞吉。有攸往, 见, 凶。羸豕孚蹢躅。

九二: 包有鱼, 无咎。不利宾。

九三: 臀无肤, 其行次且, 厉。无大咎。

九四: 包无鱼, 起凶。

九五: 以杞包瓜, 含章, 有陨自天。

上九: 姤其角, 吝, 无咎。

《彖》曰:《姤》, 遇也, 柔遇刚也。"勿用取女", 不可与长也。天地相遇, 品物咸章也。刚遇中正, 天下大行也。《姤》之时义大矣哉!

【译文】

《姤》是"相遇"的意思。外卦是乾, 性属阳刚; 内卦是巽, 性属阴柔。所以是阴阳相遇。"勿用取女",(和过于强壮的女子) 不能长久相处。天地相遇, 各种物类都得以茂盛成长。(上下卦) 都是阳刚在中位, 德政教化大行于天下。《姤》卦对于时政的意义太大了!

《象》曰: 天下有风,《姤》。后以施命诰四方。

"系于金柅", 柔道牵也。

"包有鱼", 义不及宾也。

"其行次且"，行未牵也。

"无鱼"之"凶"，远民也。

"九五""含章"，中正也。"有陨自天"，志不舍命也。

"姤其角"，上穷"吝"也。

【译文】

《姤》是"天下有风"。君主借鉴卦理发布命令告于四方。

第一爻的"系于金柅"，阴柔者被（阳刚者）牵制住。

第二爻的"包有鱼"，不宜请客。

第三爻的"其行次且"，行动没有受到牵制。

第四爻的"无鱼"之"凶"，远离了民众。

第五爻的"九五""含章"，居于中正之道。"有陨自天"，内心不违背天意。

第六爻的"姤其角"，上九陷入困境所以说是"吝"。

第四十五卦：《萃》

泽地《萃》，

兑上坤下。

《萃》，亨。王假有庙，利见大人，亨，利贞。用大牲，吉。利有攸往。

初六：有孚不终，乃乱乃萃，若号，一握为笑。勿恤。往，无咎。

六二：引吉，无咎。孚乃利用禴。

六三：萃如嗟如，无攸利。往无咎。小吝。

九四：大吉，无咎。

九五：萃有位，无咎。匪孚，元，永贞，悔亡。

上六：赍咨涕洟，无咎。

《象》曰：《萃》，聚也。顺以说，刚中而应，故聚也。"王假有庙"，致孝享也。"利见大人，亨"，聚以正也。"用大牲，吉。利有攸往"，顺天命也。观其所聚，而天地万物之情可见矣。

【译文】

《萃》是"聚集"的意思。内卦是坤，是"顺"，外卦是兑，是"悦"，合在一起时是顺从又喜悦。上下卦的中位是上阳下阴，彼此应和，所以能够聚集到一起。"王假有庙"，是向祖先表达孝思的祭祀。"利见大人，亨"，因为是依靠正道的聚集。"用大牲，吉。利有攸往"，是顺应天命的。观察聚集的道理，天地万物情状就可以看明白了。

《象》曰：泽上于地，《萃》。君子以除戎器，戒不虞。"乃乱乃萃"，其志乱也。

"引吉无咎"，中未变也。

"往无咎"，上巽也。

"大吉无咎"，位不当也。

"萃有位"，志未光也。

"赍咨涕洟"，未安上也。

【译文】

《萃》的外卦是兑，内卦是坤，湖泽在地上。君子借鉴卦理随时修整兵器，来防备突发事件（大水漫于地有洪灾之象）。

第一爻的"乃乱乃萃"，心意散乱。

第二爻的"引吉无咎"，中正之道没有改变。

第三爻的"往无咎"，阴爻柔顺地服从上位的阳爻。

第四爻的"大吉无咎"，位置并不恰当。

第五爻的"萃有位"，志向没有光大。

第六爻的"赍咨涕洟"，不能安于上位。

第四十六卦：《升》

地风《升》，

坤上巽下。

《升》，元亨。用见大人，勿恤。南征吉。

初六：允升，大吉。

九二：孚乃利用禴，无咎。

九三：升虚邑。

六四：王用亨于岐山，吉，无咎。

六五：贞吉，升阶。

上六：冥升，利于不息之贞。

《彖》曰：柔以时升，巽而顺，刚中而应，是以大"亨"。"用见大人，勿恤"，有庆也。"南征吉"，志行也。

【译文】

《升》是"上升"的意思。阴爻由最下位逐渐上升到四、五、六位。内卦是巽，是"谦逊"，外卦是坤，是"顺从"，合在一起时是"谦逊"又"顺从"，而下卦的中位阳爻得到上卦中位阴爻的呼应，因此大"亨"。卦辞讲"用见大人，勿恤"，是有喜庆。"南征吉"，是实现了志向。

《象》曰：地中生木，《升》。君子以顺德，积小以高大。

"允升，大吉"，上合志也。

"九二"之"孚"，有喜也。

"升虚邑"，无所疑也。

"王用亨于岐山"，顺事也。

"贞吉，升阶"，大得志也。

"冥升"在上，消不富也。

【译文】

　　《升》的卦象是"地中生木"。君子借鉴卦理顺次修养德性，积累小善逐渐上升为高大的品格。

　　第一爻的"允升，大吉"，向上是合乎心志的。

　　第二爻的"九二"之"孚"，有喜庆的事情。

　　第三爻的"升虚邑"，无可怀疑。

　　第四爻的"王用亨于岐山"，是顺利的事情。

　　第五爻的"贞吉，升阶"，非常得志。

　　第六爻的"冥升"在上，消减负面的东西。

第四十七卦：《困》

泽水《困》，

兑上坎下。

　　《困》，亨。贞大人吉。无咎。有言不信。

　　初六：臀困于株木，入于幽谷，三岁不觌。

　　九二：困于酒食，朱绂方来，利用享祀。征凶。无咎。

六三：困于石，据于蒺藜，入于其宫，不见其妻，凶。

九四：来徐徐，困于金车，吝，有终。

九五：劓刖，困于赤绂，乃徐有说，利用祭祀。

上六：困于葛藟，于臲卼，曰动悔有悔，征吉。

《彖》曰：《困》，刚揜也。险以说，困而不失其所，"亨"，其唯君子乎。"贞大人吉"，以刚中也。"有言不信"，尚口乃穷也。

【译文】

《困》（的内卦是坎，是阳性的卦，外卦是兑，是阴性的卦），阳刚被阴柔掩盖。上下合在一起时是"风险"中感到"喜悦"，困顿而不失去立场，所以得到"亨"，只有君子能做到这一点吧。"贞大人吉"，是因为阳爻居于（下卦的）中位。"有言不信"，崇尚舌辩，终至于困穷。

《象》曰：泽无水，《困》。君子以致命遂志。

"入于幽谷"，幽不明也。

"困于酒食"，中有庆也。

"据于蒺藜"，乘刚也。"入于其宫，不见其妻"，不祥也。

"来徐徐"，志在下也。虽不当位，有与也。

"劓刖"，志未得也。"乃徐有说"，以中直也。"利用祭祀"，受福也。

"困于葛藟"，未当也。"动悔有悔"，吉行也。

【译文】

《困》的卦象是"（水在泽下）泽中无水"。君子借鉴卦理（面临困境时）宁可舍去生命也要实现志向。

第一爻的"入于幽谷"，幽暗不明。

第二爻的"困于酒食"，守中正之道可有喜庆。

第三爻的"据于蒺藜"，是阴爻凌驾在阳爻之上。"入于其宫，不见其妻"，不祥之兆。

第四爻的"来徐徐"，志在下位。虽然位置不当，但有人相助。

第五爻的"劓刖"，志愿没有实现。"乃徐有说"，因为心志正直。"利用祭祀"，得到了保佑。

第六爻的"困于葛藟"，位置不适当。"动悔有悔"，行动则"吉"。

第四十八卦：《井》

水风《井》，

坎上巽下。

《井》，改邑不改井，无丧无得。往来井井，汔至，亦未繘井，羸其瓶，凶。

初六：井泥不食，旧井无禽。

九二：井谷射鲋，瓮敝漏。

九三：井渫不食，为我心恻。可用汲，王明，并受其福。

六四：井甃，无咎。

九五：井洌寒泉，食。

上六：井收，勿幕；有孚，元吉。

《彖》曰：巽乎水而上水，《井》。井养而不穷也。"改邑不改井"，乃以刚中也。"汔至，亦未繘井"，未有功也。"羸其瓶"，是以凶也。

【译文】

《井》（的内卦是巽，象征风；外卦是坎，象征水。风有无孔不入的品性，故巽可释作"入"；另外，巽还象征木。木桶）进到水中提上水来。井水养人源源不断。"改邑不改井"，是因为阳刚居于（下卦的）中位。"汔至，亦未繘井"，这种情况没有功劳。"羸其瓶"，因此是凶兆。

《象》曰：木上有水，《井》。君子以劳民劝相。

"井泥不食"，下也。"旧井无禽"，时舍也。

"井谷射鲋"，无与也。

"井渫不食"，行恻也。求"王明"，受福也。

"井甃，无咎"，修井也。

"寒泉"之"食"，中正也。

"元吉"在上，大成也。

【译文】

　　《井》（的内卦是巽，象征木；外卦是坎，象征水），上下合在一起时是"木上有水"——水桶入井汲水，水在木上。君子借鉴卦理役使民众并使其互助。

　　第一爻的"井泥不食"，是因为污泥淤积在下面。"旧井无禽"，当时就已经放弃了。

　　第二爻的"井谷射鲋"，没有什么好处。

　　第三爻的"井渫不食"，这种行为可悲。求"王明"，大家能够得到福荫。

　　第四爻的"井甃，无咎"，应该修井。

　　第五爻的"寒泉"之"食"，得中正之道。

　　第六爻的"元吉"在上，指获得大的成功。

第四十九卦：《革》

泽火《革》，

兑上离下。

　　《革》，己日乃孚，元亨。利贞，悔亡。

213

初九：巩用黄牛之革。

六二：己日乃革之，征吉，无咎。

九三：征凶。贞厉。革言三就，有孚。

九四：悔亡。有孚改命，吉。

九五：大人虎变，未占有孚。

上六：君子豹变，小人革面，征凶，居贞吉。

《象》曰：《革》，水火相息。二女同居，其志不相得，曰"革"。"己日乃孚"，革而信之。文明以说，大"亨"以正。革而当，其"悔"乃"亡"。天地革，而四时成。汤武革命，顺乎天而应乎人。《革》之时大矣哉。

【译文】

《革》（的内卦是离，象征火；外卦是兑，象征湖泽），水火不容。二卦都属阴，象征两个女性同居，她们的想法彼此不相洽，（久必生变），所以叫作"革"。"己日乃孚"，改革之后获得信誉。（离为火为明，兑为泽为悦），二者相遇是文明而喜悦，象征持守正道改革十分顺利。恰当的改革，使潜在的危机消失。天地变革，而四季更替的秩序得以形成。商汤与周武革命，顺天应人成功。《革》应时而动的意义太大了。

《象》曰：泽中有火，《革》。君子以治历明时。
"巩用黄牛"，不可以有为也。

"己日""革之"，行有嘉也。

"革言三就"，又何之矣。

"改命"之"吉"，信志也。

"大人虎变"，其文炳也。

"君子豹变"，其文蔚也。"小人革面"，顺以从君也。

【译文】

《革》（的内卦是离，象征火；外卦是兑，象征泽），合起来是"泽中有火"。君子借鉴卦理修制历法，明确时令（来指导生产）。

第一爻的"巩用黄牛"，不能够有什么作为。

第二爻的"己日革之"，行为有可以嘉奖之处。

第三爻的"革言三就"，又能到哪里去呢。

第四爻的"改命"之"吉"，志向得到（民众的）信任。

第五爻的"大人虎变"，（所焕发的新皮毛）十分耀眼。

第六爻的"君子豹变"，（所焕发的新皮毛）十分华美。"小人革面"，顺从地跟着君主。

第五十卦：《鼎》

火风《鼎》,

离上巽下。

　　《鼎》,元吉,亨。

　　初六:鼎颠趾,利出否。得妾以其子,无咎。

　　九二:鼎有实,我仇有疾,不我能即,吉。

　　九三:鼎耳革,其行塞,雉膏不食,方雨,亏,悔,终吉。

　　九四:鼎折足,覆公餗,其形渥,凶。

　　六五:鼎黄耳金铉,利贞。

　　上九:鼎玉铉,大吉,无不利。

　　《彖》曰:《鼎》象也,以木巽火,亨饪也。圣人亨以享上帝,而大亨以养圣贤。巽而耳目聪明,柔进而上行,得中而应乎刚,是以"元亨"。

【译文】

　　《鼎》(的外卦是离,象征火;内卦是巽,象征风,象征木),合起来卦象是"用木材点起火来",是烹饪之象。王者烹饪是来祭祀上帝的,而大量烹饪是奉养圣人贤人的。谦逊又耳聪目明,阴爻由初位上行,到上卦的中位与下卦中位的阳爻相呼应,所以是"元亨"——大顺利。

　　《象》曰:木上有火,《鼎》。君子以正位凝命。

　　"鼎颠趾",未悖也。"利出否",以从贵也。

　　"鼎有实",慎所之也。"我仇有疾",终无尤也。

"鼎耳革"，失其义也。

"覆公餗"，信如何也。

"鼎黄耳"，中以为实也。

"玉铉"在上，刚柔节也。

【译文】

《鼎》（的内卦是巽，象征风，象征木；外卦是离，象征火），合起来卦象是"木上有火"。君子借鉴卦理端正职守，完成使命。

第一爻的"鼎颠趾"，没有悖谬。"利出否"，是听从了贵族的意见。

第二爻的"鼎有实"，谨慎对待要去的地方。"我仇有疾"，到头来没有大的失误。

第三爻的"鼎耳革"，失去恰当的举措。

第四爻的"覆公餗"，真无奈呀。

第五爻的"鼎黄耳"，靠中正之道成为富人。

第六爻的"玉铉"在上，（上九）刚柔调节适宜。

第五十一卦：《震》

《震》为雷,

震上震下。

《震》,亨。震来虩虩,笑言哑哑,震惊百里,不丧匕鬯。

初九:震来虩虩,后笑言哑哑,吉。

六二:震来厉,亿丧贝,跻于九陵,勿逐,七日得。

六三:震苏苏,震行无眚。

九四:震遂泥。

六五:震往来,厉,亿无丧有事。

上六:震索索,视矍矍,征凶。震不于其躬于其邻,无咎。婚媾有言。

《象》曰:"《震》,亨。震来虩虩",恐致福也。"笑言哑哑",后有则也。"震惊百里",惊远而惧迩也。"不丧匕鬯",出可以守宗庙社稷,以为祭主也。

【译文】

"《震》,亨。震来虩虩",是说戒惧谨慎会带来福分。"笑言哑哑",为后来形成准则。"震惊百里",(雷霆之威)使远近震动。"不丧匕鬯",(能够镇定自若的人)出去可以守卫宗庙社稷,(行使诸侯的权力)主持祭祀。

《象》曰:洊雷,《震》。君子以恐惧修省。

"震来虩虩",恐致福也。"笑言哑哑",后有则也。

"震来厉"，乘刚也。

"震苏苏"，位不当也。

"震遂泥"，未光也。

"震往来，厉"，危行也。其事在中，大"无丧"也。

"震索索"，中未得也。虽凶无咎，畏邻戒也。

【译文】

《震》卦上下相重，是雷霆不断的状况。君子借鉴卦理，戒惧处事，谨慎修身。

第一爻的"震来虩虩"，是说戒惧谨慎会带来福分。"笑言哑哑"，是为后来形成准则。

第二爻的"震来厉"，阴爻凌驾到了阳爻之上。

第三爻的"震苏苏"，阴爻居阳位。

第四爻的"震遂泥"，（阳爻居阴位，又处于上卦末位）未能（使优长）光大。

第五爻的"震往来，厉"，在危险中行动。因为行事合乎中道，所以正大而"无丧"——没有损失。

第六爻的"震索索"，没有得到中正之道。虽然有"凶"兆，但以邻居（的遭遇）为戒，便可"无咎"。

第五十二卦：《艮》

《艮》为山，

艮上艮下。

《艮》，艮其背，不获其身，行其庭，不见其人，无咎。

初六：艮其趾，无咎。利永贞。

六二：艮其腓，不拯其随，其心不快。

九三：艮其限，列其夤，厉薰心。

六四：艮其身，无咎。

六五：艮其辅，言有序，悔亡。

上九：敦艮，吉。

《彖》曰：《艮》，止也。时止则止，时行则行，动静不失其时，其道光明。艮其止，止其所也。上下敌应，不相与也。是以“不获其身，行其庭，不见其人，无咎”也。

【译文】

《艮》卦为艮上下相重，艮象征山，是静止的意思。卦理强调时机，当行则行，当止则止，动静合于时宜，就是光明的大道。停止在背阴处（“止”为“背”之讹），是停止在适当的场所。上下卦每爻都冲突，不能呼应合作，所以说是"不获其身，行其庭，不见其人，无咎"。

《象》曰：兼山，《艮》。君子以思不出其位。

"艮其趾"，未失正也。

"不拯其随"，未退听也。

"艮其限"，危薰心也。

"艮其身"，止诸躬也。

"艮其辅"，以中正也。

"敦艮"之"吉"，以厚终也。

【译文】

《艮》卦为艮上下相重，是山连山的状况。君子借鉴卦理，思考处理问题不超出他的地位。

第一爻的"艮其趾"，没有失去正道。

第二爻的"不拯其随"，不能退而听取（他人的）意见。

第三爻的"艮其限"，忧惧熏灼其心。

第四爻的"艮其身"，注意力集中在自己的身体上。

第五爻的"艮其辅"，因为守住了中正之道。

第六爻的"敦艮"之"吉"，以宽厚（的姿态）来终结。

第五十三卦：《渐》

风山《渐》，

巽上艮下。

《渐》，女归吉，利贞。

初六：鸿渐于干，小子厉有言，无咎。

六二：鸿渐于磐，饮食衎衎，吉。

九三：鸿渐于陆，夫征不复，妇孕不育，凶，利御寇。

六四：鸿渐于木，或得其桷，无咎。

九五：鸿渐于陵，妇三岁不孕，终莫之胜，吉。

上九：鸿渐于陆，其羽可用为仪，吉。

象曰：《渐》，之进也。"女归吉"也。进得位，往有功也。进以正，可以正邦也。其位刚得中也。止而巽，动不穷也。

【译文】

　　《渐》卦为前进的意思。"女归吉"，是说（女子出嫁）进到丈夫家得到主妇的地位，去了就会成功在正确的方向上前进，可以端正国家。（上卦巽为阴卦，象征长女），而它的中位为阳爻（非常合宜）。（下卦艮为山为止，上卦巽为风为谦，二者相遇），知止而又谦逊，前进不会"穷途"。

《象》曰：山上有木，《渐》。君子以居贤德善俗。

"小子"之"厉"，义无咎也。

"饮食衎衎"，不素饱也。

"夫征不复"，离群丑也。"妇孕不育"，失其道也。利用"御寇"，顺相保也。

"或得其桷"，顺以巽也。

"终莫之胜，吉"，得所愿也。

"其羽可用为仪，吉"，不可乱也。

【译文】

《渐》卦（的下卦艮为山岭，上卦巽又象征树木），卦象为山上有木，森林茂盛。君子借鉴卦理，修养自己的德行，影响、形成好的风俗。

第一爻的"小子"之"厉"，（因长者呵止）应该没危害。

第二爻的"饮食衎衎"，不是白白吃饱饭的。

第三爻的"夫征不复"，错误地离开了大家。"妇孕不育"，失去了正确的方法。利用"御寇"，（群体）和顺相互保卫。

第四爻的"或得其桷"，要顺从驯服。

第五爻的"终莫之胜，吉"，实现了自己的愿望。

第六爻的"其羽可用为仪，吉"，不能肆意妄动。

第五十四卦：《归妹》

雷泽《归妹》，

震上兑下。

《归妹》，征凶，无攸利。

初九：归妹以娣，跛能履。征吉。

九二：眇能视。利幽人之贞。

六三：归妹以须，反归以娣。

九四：归妹愆期，迟归有时。

六五：帝乙归妹，其君之袂不如其娣之袂良。月几望，吉。

上六：女承筐无实，士刲羊无血，无攸利。

《象》曰：《归妹》，天地之大义也。天地不交，而万物不兴。归妹，人之终始也。说以动，所归妹也。"征凶"，位不当也。"无攸利"，柔乘刚也。

【译文】

《归妹》卦讲的是（嫁女，男女婚配），天地间根本性的大道理。天地之间阴阳不交感，而万物不能产生。嫁女，男女婚配，是人类产生、繁衍的开端。这一卦（下兑为喜悦，上震为行动）喜悦行动，讲的就是少女出嫁。之所以说"征凶",是上下卦都有位置不恰当的爻。之所以说"无攸利",也是因为上下卦都是阴爻压在阳爻之上。

《象》曰：泽上有雷，《归妹》。君子以永终知敝。
"归妹以娣"，以恒也。"跛能履"，吉相承也。
"利幽人之贞"，未变常也。
"归妹以须"，未当也。
"愆期"之志，有待而行也。
"帝乙归妹"，"不如其娣之袂良"也，其位在中，以贵行也。
"上六""无实"，承虚筐也。

【译文】

《归妹》卦（的下卦兑为湖泽，上卦震为雷霆），卦象为泽上有雷。君子借鉴卦理，保持婚姻长久，了解它可能出现的问题。

第一爻的"归妹以娣"，是按常规办事。"跛能履"，有人帮助则吉。

第二爻的"利幽人之贞"，没有改变常规。

第三爻的"归妹以须"，不够恰当。

第四爻的"愆期"的想法，是因为有所等待。

第五爻的"帝乙归妹"，"不如其娣之袂良"也，她的地位是适中得宜的，所以会以高贵的身份出嫁。

第六爻的"上六""无实"，（女人失去丈夫，就像是）捧着空筐。

第五十五卦：《丰》

雷火《丰》，

震上离下。

《丰》，亨。王假之，勿忧，宜日中。

初九：遇其配主，虽旬无咎，往有尚。

六二：丰其蔀，日中见斗，往得疑疾，有孚发若，吉。

九三：丰其沛，日中见沫，折其右肱，无咎。

九四：丰其蔀，日中见斗，遇其夷主，吉。

六五：来章有庆誉，吉。

上六：丰其屋，蔀其家，阒其户，阒其无人，三岁不觌，凶。

《象》曰：《丰》，大也。明以动，故丰。"王假之"，尚大也。"勿忧，宜日中"，宜照天下也。日中则昃，月盈则食。天地盈虚，与时消息。而况于人乎！况于鬼神乎！

【译文】

《丰》卦的主旨是盛大。（下卦离为火焰为光明，上卦震为雷霆为行动。）在光明中行动，所以说是"盛大"。"王假之"，是崇尚盛大。"勿忧，宜日中"，应该会像赫日正中一样照耀天下，太阳过了中午就会西落，月亮过了满月就会亏蚀。天地之间都是随时间而盈亏变化，更何况人事呢！更何况鬼神呢！

《象》曰：雷电皆至，《丰》。君子以折狱致刑。

"虽旬无咎"，过旬灾也。

"有孚发若"，信以发志也。

"丰其沛"，不可大事也。"折其右肱"，终不可用也。

"丰其蔀"，位不当也。"日中见斗"，幽不明也。"遇其夷主"，吉行也。

"六五"之"吉"，有庆也。

"丰其屋"，天际翔也。"阒其户，阒其无人"，自藏也。

【译文】

《丰》卦（的下卦离为火也为电，上卦震则为雷。电主明察，雷主威严），卦象为雷电皆至。君子借鉴卦理来主持刑狱法制。

第一爻的"虽旬无咎"，过了一旬就会有灾祸。

第二爻的"有孚发若"，靠诚信来实现志向。

第三爻的"丰其沛"，不可做大事。"折其右肱"，到头来还是不能使用。

第四爻的"丰其蔀"，位置不恰当。"日中见斗"，昏暗不明。"遇其夷主"，前行则吉。

第五爻的"六五"之"吉"，有喜庆。

第六爻的"丰其屋"，如同鸟飞翔在空中一样。"阒其户，阒其无人"，是自己隐藏起来了。

第五十六卦:《旅》

火山《旅》，

离上艮下。

　　《旅》，小亨。旅贞吉。

　　初六：旅琐琐，斯其所，取灾。

　　六二：旅即次，怀其资，得童仆，贞。

　　九三：旅焚其次，丧其童仆。贞，厉。

　　九四：旅于处。得其资斧，我心不快。

　　六五：射雉，一矢亡，终以誉命。

　　上九：鸟焚其巢，旅人先笑后号咷。丧牛于易。凶。

　　《彖》曰:《旅》，小亨。柔得中乎外，而顺乎刚。止而丽乎明。是以"小亨，旅贞吉"也。《旅》之时义大矣哉。

【译文】

　　《旅》卦，为"小亨"。它的外卦为离，是阴卦，而其中位是阴爻，甘居于上九阳爻之下，（这是很适当的）。

228

离为火为明，内卦为艮为止。停止在光明境界，所以说是"小亨，旅贞吉"。《旅》卦应用于时政的意义太大了。

《象》曰：山上有火，《旅》。君子以明慎用刑，而不留狱。
"旅琐琐"，志穷灾也。
"得童仆，贞"，终无尤也。
"旅焚其次"，亦以伤矣。以旅与下，其义丧也。
"旅于处"，未得位也。"得其资斧"，心未快也。
"终以誉命"，上逮也。
以旅在上，其义"焚"也。"丧牛于易"，终莫之闻也。

【译文】

《旅》卦（的上卦离为火，下卦艮则为山），是"山上有火"的境界。君子借鉴卦理，用刑明察慎重，不拖延讼事。

第一爻的"旅琐琐"，心智不畅陷于灾祸。

第二爻的"得童仆，贞"，到头来是没有问题的。

第三爻的"旅焚其次"，也受到伤害。以旅客身份和仆从共处，失去是应当的。

第四爻的"旅于处"，没有得到合适的位置。"得其资斧"，内心（仍然）不快乐。

第五爻的"终以誉命"，是上面给予的。

第六爻的以旅客身份高居在上，自然会遭到"焚"的恶果。"丧牛于易"，到头来也没有人来慰问。

第五十七卦：《巽》

《巽》为风，

巽上巽下。

《巽》，小亨。利有攸往，利见大人。

初六：进退，利武人之贞。

九二：巽在床下，用史巫，纷若，吉。无咎。

九三：频巽，吝。

六四：悔亡，田获三品。

九五：贞吉，悔亡，无不利。无初有终，先庚三日，后庚三日，吉。

上九：巽在床下，丧其资斧，贞凶。

《象》曰：重巽以申命。刚巽乎中正而志行。柔皆顺乎刚，是以"小亨，利有攸往，利见大人"。

【译文】

《巽》卦为巽的上下相重，（"风上草必偃"），双重的"风"象征反复申明王命。上下卦都是阳爻居中位，象征王命得以实行。阴爻都顺从阳爻，所以说"小亨，利有攸往，利见大人"。

《象》曰：随风，《巽》。君子以申命行事。

"进退"，志疑也。"利武人之贞"，志治也。

"纷若"之"吉"，得中也。

"频巽"之"吝"，志穷也。

"田获三品"，有功也。

"九五"之"吉"，位正中也。

"巽在床下"，"上"穷也。"丧其资斧"，正乎"凶"也。

【译文】

《巽》卦为巽上下相重，象征风随着风。君子借鉴卦理以申明政令，躬行王事。

第一爻的"进退"，是心下疑惑。"利武人之贞"，是心志坚定。

第二爻的"纷若"之"吉"，得到中位。

第三爻的"频巽"之"吝"，志向不能实现。

第四爻的"田获三品"，有功劳。

第五爻的"九五"之"吉"，位置正中。

第六爻的"巽在床下"，"上"面会陷于困穷。"丧其资斧"，虽然正确却不免于"凶"。

第五十八卦:《兑》

《兑》为泽，

兑上兑下。

　　《兑》，亨。利贞。

　　初九：和兑，吉。

　　九二：孚兑，吉。悔亡。

　　六三：来兑，凶。

　　九四：商兑，未宁。介疾有喜。

　　九五：孚于剥，有厉。

　　上六：引兑。

　　《彖》曰:《兑》，说也。刚中而柔外，说以"利贞"，是以顺乎天而应乎人。说以先民，民忘其劳。说以犯难，民忘其死。说之大，民劝矣哉。

【译文】

　　《兑》卦为兑上下相重，兑是喜悦的意思。上下卦的中位都是阳爻，而阴柔居于其外，喜悦并且"利贞"，因此顺乎自然而应和人心。用使民众喜悦的方式引导其前进，民众就会忘记辛劳。用使民众喜悦的方式带领民众共赴国难，民众就会忘记死亡的威胁。推广"悦民"之道，民众都会努力（跟随你了）。

《象》曰：丽泽，《兑》。君子以朋友讲习。

"和兑"之"吉"，行未疑也。

"孚兑"之"吉"，信志也。

"来兑"之"凶"，位不当也。

"九四"之"喜"，有庆也。

"孚于剥"，位正当也。

"上六，引兑"，未光也。

【译文】

《兑》卦为兑上下相重，象征二水相连。君子借鉴于此，朋友之间交流讲习学问。

第一爻的"和兑"之"吉"，行动没有疑惑。

第二爻的"孚兑"之"吉"，内心是诚信的。

第三爻的"来兑"之"凶"，位置不恰当。

第四爻的"九四"之"喜"，有喜庆。

第五爻的"孚于剥"，位置正当。

第六爻的"上六，引兑"，没有推广。

第五十九卦：《涣》

风水《涣》，

巽上坎下。

《涣》，亨。王假有庙。利涉大川，利贞。

初六：用拯马，壮吉。

九二：涣奔其机，悔亡。

六三：涣其躬，无悔。

六四：涣其群，元吉。涣有丘，匪夷所思。

九五：涣汗其大号。涣王居，无咎。

上九：涣其血，去逖出，无咎。

《彖》曰：《涣》，亨。刚来而不穷，柔得位乎外而上同。"王假有庙"，王乃在中也。"利涉大川"，乘木有功也。

【译文】

《涣》卦，亨通之象。上下卦的中位都是阳刚，象征王权得力而不会困穷，阴柔的爻居于其外，服从上方的王命。所以说"王假有庙"，是王得居中位。"利涉大川"，是说木在水上渡河成功（巽又象征木）。

《象》曰：风行水上，《涣》。先王以享于帝，立庙。

"初六"之"吉"，顺也。

"涣奔其机"，得愿也。

"涣其躬"，志在外也。

"涣其群，元吉"，光大也。

"王居，无咎"，正位也。

"涣其血"，远害也。

【译文】

　　《涣》卦（的上卦巽为风，下卦坎为水），上下合到一起时是"风行水上"。先王借鉴于此，来祭祀上天，为祖宗立庙（影响、教化民众）。

　　第一爻的"初六"之"吉"，（马）顺从（人）。

　　第二爻的"涣奔其机"，得遂心愿。

　　第三爻的"涣其躬"，志向在于外部。

　　第四爻的"涣其群，元吉"，影响广大。

　　第五爻的"王居，无咎"，端正王位。

　　第六爻的"涣其血"，远离祸害。

第六十卦：《节》

水泽《节》，

坎上兑下。

　　《节》，亨。苦节不可贞。

　　初九：不出户庭，无咎。

　　九二：不出门庭，凶。

　　六三：不节若，则嗟若，无咎。

　　六四：安节，亨。

　　九五：甘节，吉。往有尚。

　　上六：苦节，贞凶，悔亡。

　　《象》曰："《节》，亨"，刚柔分而刚得中。"苦节不可贞"，其道穷也。说以行险，当位以节，中正以通。天地节，而四时成。节以制度，不伤财，不害民。

【译文】

　　《节》卦的下卦兑为阴卦，上卦坎为阳卦，阴阳相分而中位都是阳爻，所以"亨通"。"苦节不可贞"，是因为其道困穷。坎有"险"的意义，兑有"喜悦"的意思，喜悦而行于险地。上下卦的阴阳爻都是居于适当的位置而有所节度，两个中位都是阳爻中正而通顺。天地有所节制就有了四季，以制度来节制，就不会劳民伤财。

　　《象》曰：泽上有水，《节》。君子以制数度，议德行。

　　"不出户庭"，知通塞也。

"不出门庭，凶"，失时极也。

"不节"之"嗟"，又谁咎也？

"安节"之"亨"，承上道也。

"甘节"之"吉"，居位中也。

"苦节，贞凶"，其道穷也。

【译文】

　　《节》卦（的下卦兑为泽，上卦坎为水），上下合到一起时是"泽上有水"。君子借鉴此理来议定制度与道德。

　　第一爻的"不出户庭"，了解通达与闭塞的情况。

　　第二爻的"不出门庭，凶"，严重丧失时机。

　　第三爻的"不节"之"嗟"，又有谁会来责罚呢？

　　第四爻的"安节"之"亨"，尊奉了上面的旨意。

　　第五爻的"甘节"之"吉"，所居位置适中。

　　第六爻的"苦节，贞凶"，他的道路是走不通的。

第六十一卦：《中孚》

风泽《中孚》，

巽上兑下。

《中孚》：豚鱼，吉。利涉大川，利贞。

初九：虞吉。有它不燕。

九二：鹤鸣在阴，其子和之。我有好爵，吾与尔靡之。

六三：得敌。或鼓或罢，或泣或歌。

六四：月几望，马匹亡，无咎。

九五：有孚挛如，无咎。

上九：翰音登于天，贞凶。

《彖》曰：《中孚》，柔在内而刚得中，说而巽，孚乃化邦也。"豚鱼，吉"，信及豚鱼也。"利涉大川"，乘木舟虚也。中孚以"利贞"，乃应乎天也。

【译文】

《中孚》卦（的下卦兑为泽为悦，上卦巽为风为木，合到一起时是"泽上有木"），两个阴爻在整个卦的内部，而上下卦的中位都是阳爻，卦理是和悦而谦逊，表现出的诚信能够教化好国民。"豚鱼，吉"，是说即使涉及一豚一鱼的微小事物，也要恪守诚信。"利涉大川"，是说乘着中空的木舟渡河。中心诚信得到"利贞"，是因为顺应了天道。

《象》曰：泽上有风，《中孚》。君子以议狱缓死。

"初九，虞吉"，志未变也。

"其子和之"，中心愿也。

"或鼓或罢"，位不当也。

"马匹亡"，绝类上也。

"有孚挛如"，位正当也。

"翰音登于天"，何可长也。

【译文】

　　《中孚》卦（的下卦兑为泽，上卦巽为风），上下合到一起时是"泽上有风"（象征多义，"有风"与"有木"两不相碍）。君子借鉴此理来讨论刑狱，延缓死刑。

　　第一爻的"初九，虞吉"，是说志向没有改变。

　　第二爻的"其子和之"，是心中的愿望。

　　第三爻的"或鼓或罢"，位置不恰当。

　　第四爻的"马匹亡"，杜绝类似上次的事情。

　　第五爻的"有孚挛如"，位置正好恰当。

　　第六爻的"翰音登于天"，怎么能够长久呢！

第六十二卦：《小过》

雷山《小过》，

震上艮下。

　　《小过》，亨，利贞。可小事，不可大事。飞鸟遗之音，不宜上，宜下，大吉。

　　初六：飞鸟以凶。

　　六二：过其祖，遇其妣。不及其君，遇其臣。无咎。

　　九三：弗过防之，从或戕之，凶。

　　九四：无咎。弗过遇之，往厉必戒。勿用永贞。

　　六五：密云不雨，自我西郊。公弋取彼在穴。

　　上六：弗遇过之，飞鸟离之，凶。是谓灾眚。

　　《彖》曰：《小过》，小者过而亨也。过以"利贞"，与时行也。柔得中，是以"小事"吉也。刚失位而不中，是以"不可大事"也。有"飞鸟"之象焉。"飞鸟遗之音，不宜上，宜下，大吉"，上逆而下顺也。

【译文】

　　《小过》卦，小事情上犯错误是能够过得去的。（小的）错误还能"利贞"，是因为合乎时宜的行动。上下卦都是阴爻居中位，所以"小事"吉。阳爻失去了中位，所以"不可大事"。有"飞鸟"之形象，"飞鸟遗之音，不宜上，宜下，大吉"，是说向上飞违背人们心意，向下飞才顺从了人们的心意。

　　《象》曰：山上有雷，《小过》。君子以行过乎恭，丧过乎哀，用过乎俭。

　　"飞鸟以凶"，不可如何也。

"不及其君"，臣不可过也。

"从或戕之"，凶如何也。

"弗过遇之"，位不当也。"往厉必戒"，终不可长也。

"密云不雨"，已上也。

"弗遇过之"，已亢也。

【译文】

《小过》卦（的下卦艮为山，上卦震为雷），上下合到一起时是"山上有雷"。是指君子行为过于恭敬，丧事过乎哀伤，用度过乎俭约。

第一爻的"飞鸟以凶"，无可奈何。

第二爻的"不及其君"，臣子不可以超过君主。

第三爻的"从或戕之"，太凶了。

第四爻的"弗过遇之"，位置不恰当。"往厉必戒"，到头来不能久长。

第五爻的"密云不雨"，云已经上升了。

第六爻的"弗遇过之"，已经过分了。

第六十三卦 :《既济》

水火《既济》，

坎上离下。

《既济》，亨小，利贞。初吉，终乱。

初九：曳其轮，濡其尾，无咎。

六二：妇丧其茀，勿逐，七日得。

九三：高宗伐鬼方，三年克之，小人勿用。

六四：𦈎有衣袽，终日戒。

九五：东邻杀牛，不如西邻之禴祭，实受其福。

上六：濡其首，厉。

《彖》曰："《既济》，亨小"者，亨者。"利贞"，刚柔正而位当也。"初吉"，柔得中也。"终"止则"乱"，其道穷也。

【译文】

"《既济》，亨小"者，是说卦主亨通。"利贞"，是说阴阳爻都各自正当其位。"初吉"，是因为下卦阴爻居中。"终"止则"乱"，是他已无路可走了。

《象》曰：水在火上，《既济》。君子以思患而豫防之。

"曳其轮"，义"无咎"也。

"七日得"，以中道也。

"三年克之"，惫也。

"终日戒"，有所疑也。

"东邻杀牛"，"不如西邻"之时也。"实受其福"，吉大来也。

"濡其首，厉"，何可久也。

【译文】

《既济》卦（的下卦离为火，上卦坎为水），上下合到一起时是"水在火上"。君子借鉴此理防患于未然。

第一爻的"曳其轮"，应该是"无咎"的。

第二爻的"七日得"，因为恪守了中正之道。

第三爻的"三年克之"，疲惫了。

第四爻的"终日戒"，有所怀疑。

第五爻的"东邻杀牛"，"不如西邻"那样（祭祀的方式）更好。"实受其福"，大吉降临。

第六爻的"濡其首，厉"，如何能持久呢。

第六十四卦：《未济》

火水《未济》，

离上坎下。

《未济》：亨。小狐汔济，濡其尾。无攸利。

初六：濡其尾。吝。

九二：曳其轮。贞吉。

243

六三：未济，征凶。利涉大川。

九四：贞吉，悔亡。震用伐鬼方，三年，有赏于大国。

六五：贞吉，无悔。君子之光，有孚，吉。

上九：有孚于饮酒，无咎。濡其首，有孚，失是。

《象》曰："《未济》，亨"，柔得中也。"小狐汔济"，未出中也。"濡其尾，无攸利"，不续终也。虽不当位，刚柔应也。

【译文】

"《未济》，亨"，是指上卦阴爻居中位。"小狐汔济"，未能出于中道。"濡其尾，无攸利"，不能继续下去。虽然上下卦的中位都不够恰当，但是阴阳还是呼应的。

《象》曰：火在水上，《未济》。君子以慎辨物居方。

"濡其尾"，亦不知极也。

"九二"，"贞吉"，中以行正也。

"《未济》，征凶"，位不当也。

"贞吉，悔亡"，志行也。

"君子之光"，其晖吉也。

"饮酒""濡首"，亦不知节也。

【译文】

《未济》卦（的上卦离为火，下卦坎为水），上下合到一起时是"火在水上"。君子借鉴此理辨别事物，处置方位（使之各得其所）。

第一爻的"濡其尾"，不知道正确的方法（渡河）。

第二爻的"九二"，"贞吉"，合乎中道，办事正确。

第三爻的"《未济》，征凶"，位置不恰当。

第四爻的"贞吉，悔亡"，心愿实行了。

第五爻的"君子之光"，他得到光荣，而又大吉。

第六爻的"饮酒""濡首"，也是不知道节制（的结果）。

《周易》原文

（《易传》之《系辞》《说卦》《杂卦》）

系辞上

　　天尊地卑，乾坤定矣。卑高以陈，贵贱位矣。动静有常，刚柔断矣。方以类聚，物以群分，吉凶生矣。在天成象，在地成形，变化见矣。是故刚柔相摩，八卦相荡。

　　鼓之以雷霆，润之以风雨，日月运行，一寒一暑，乾道成男，坤道成女。乾知大始，坤作成物。乾以易知，坤以简能。

　　易则易知，简则易从。易知则有亲，易从则有功。有亲则可久，有功则可大。可久则贤人之德，可大则贤人之业。

　　易简而天下之理得矣；天下之理得，而成位乎其中矣。

　　圣人设卦观象，系辞焉而明吉凶，刚柔相推而生变化。

　　是故，吉凶者，失得之象也。悔吝者，忧虞之象也。变化者，进退之象也。刚柔者，昼夜之象也。六爻之动，三极之道也。

　　是故，君子所居而安者，易之序也。所乐而玩者，爻之辞也。是故，君子居则观其象，而玩其辞；动则观其变，而玩其占。是以自天佑之，吉无不利。

象者，言乎象者也。爻者，言乎变者也。吉凶者，言乎其失得也。悔吝者，言乎其小疵也。无咎者，善补过也。

是故，列贵贱者，存乎位。齐小大者，存乎卦。辩吉凶者，存乎辞。忧悔吝者，存乎介。震无咎者，存乎悔。是故，卦有小大，辞有险易。辞也者，各指其所之。

易与天地准，故能弥纶天地之道。

仰以观于天文，俯以察于地理，是故知幽明之故。原始反终，故知死生之说。精气为物，游魂为变，是故知鬼神之情状。

与天地相似，故不违。知周乎万物，而道济天下，故不过。旁行而不流，乐天知命，故不忧。安土敦乎仁，故能爱。

范围天地之化而不过，曲成万物而不遗，通乎昼夜之道而知，故神无方而易无体。

一阴一阳之谓道，继之者善也，成之者性也。

仁者见之谓之仁，知者见之谓之知，百姓日用而不知，故君子之道鲜矣！

显诸仁，藏诸用，鼓万物而不与圣人同忧，盛德大业至矣哉！

富有之谓大业，日新之谓盛德。

生生之谓易，成象之谓乾，效法之谓坤，极数知来之谓占，通变之谓事，阴阳不测之谓神。

夫易，广矣大矣！以言乎远，则不御；以言乎迩，则静而正；以言乎天地之间，则备矣！

夫乾，其静也专，其动也直，是以大生焉。夫坤，其静也翕，其动也辟，是以广生焉。广大配天地，变通配四时，阴阳之义配日月，易简之善配至德。

子曰："易其至矣乎！"夫易，圣人所以崇德而广业也。知崇礼卑，崇效天，卑法地，天地设位，而易行乎其中矣。成性存存，道义之门。

圣人有以见天下之赜，而拟诸其形容，象其物宜，是故谓之象。圣人有以见天下之动，而观其会通，以行其典礼。系辞焉，以断其吉凶，是故谓之爻。

言天下之至赜，而不可恶也。言天下之至动，而不可乱也。拟之而后言，议之而后动，拟议以成其变化。

"鸣鹤在阴，其子和之，我有好爵，吾与尔靡之。"子曰："君子居其室，出其言，善则千里之外应之，况其迩者乎？居其室，出其言，不善则千里之外违之，况其迩乎？言出乎身，加乎民；行发乎迩，见乎远。言行，君子之枢机，枢机之发，荣辱之主也。言行，君子之所以动天地也，可不慎乎？"

"同人，先号咷而后笑。"子曰："君子之道，或出或处，或默或语，二人同心，其利断金；同心之言，其臭如兰。"

"初六，藉用白茅，无咎。"子曰："苟错诸地而可矣；藉之用茅，何咎之有？慎之至也。夫茅之为物薄，而用可重也。慎斯术也以往，其无所失矣。"

"劳谦，君子有终，吉。"子曰："劳而不伐，有功而不德，厚之至也，语以其功下人者也。德言盛，礼言恭，谦也者，致恭以存其位者也。"

"亢龙有悔。"子曰:"贵而无位,高而无民,贤人在下位而无辅,是以动而有悔也。"

"不出户庭,无咎。"子曰:"乱之所生也,则言语以为阶。君不密,则失臣;臣不密,则失身;几事不密,则害成;是以君子慎密而不出也。"

子曰:"作易者其知盗乎?《易》曰:'负且乘,致寇至。'负也者,小人之事也;乘也者,君子之器也;小人而乘君子之器,盗思夺之矣!上慢下暴,盗思伐之矣!慢藏诲盗,冶容诲淫,《易》曰'负且乘,致寇至',盗之招也。"

天一地二,天三地四,天五地六,天七地八,天九地十。天数五,地数五,五位相得而各有合。天数二十有五,地数三十,凡天地之数,五十有五,此所以成变化而行鬼神也。

大衍之数五十,其用四十有九。分而为二以象两,挂一以象三,揲之以四以象四时,归奇于扐以象闰,五岁再闰,故再扐而后挂。

乾之策,二百一十有六。坤之策,百四十有四。凡三百有六十,当期之日。二篇之策,万有一千五百二十,当万物之数也。

是故,四营而成易,十有八变而成卦,八卦而小成。引而申之,触类而长之,天下之能事毕矣。

显道神德行,是故可与酬酢,可与佑神矣。子曰:"知变化之道者,其知神之所为乎!"

易有圣人之道四焉,以言者尚其辞,以动者尚其变,以制器者尚其象，以卜筮者尚其占。

是以君主子将以有为也，将以有行也，问焉而以言，其受命也如响，无有远近幽深，遂知来物。非天下之至精，其孰能与于此？

参伍以变，错综其数，通其变，遂成天地之文；极其数，遂定天下之象。非天下之至变，其孰能与于此？

易无思也，无为也，寂然不动，感而遂通天下之故。非天下之至神，其孰能与于此？

夫易，圣人之所以极深而研几也。唯深也，故能通天下之志；唯几也，故能成天下之务；唯神也，故不疾而速，不行而至。子曰"易有圣人之道四焉"者，此之谓也。

子曰："夫易何为者也？夫易开物成务，冒天下之道，如斯而已者也。是故，圣人以通天下之志，以定天下之业，以断天下之疑。"

是故，蓍之德，圆而神；卦之德，方以知；六爻之义，易以贡。圣人以此洗心，退藏于密，吉凶与民同患。神以知来，知以藏往，其孰能与于此哉！古之聪明睿知神武而不杀者夫？

是以，明于天之道，而察于民之故，是与神物以前民用。圣人以此斋戒，以神明其德夫！

是故，阖户谓之坤；辟户谓之乾；一阖一辟谓之变；往来不穷谓之通；见乃谓之象；形乃谓之器；制而用之，谓之法；利用出入，民咸用之，谓之神。

是故，易有太极，是生两仪，两仪生四象，四象生八卦，八卦定吉凶，吉凶生大业。

是故，法象莫大乎天地；变通莫大乎四时；悬象著明莫大乎日月；崇高莫大乎富贵；备物致用，立成器以为天下利，莫大乎圣人；探赜索隐，钩深致远，以定天下之吉凶，成天下之亹亹者，莫大乎蓍龟。

是故，天生神物，圣人则之。天地变化，圣人效之。天垂象，见吉凶，圣人象之。河出图，洛出书，圣人则之。易有四象，所以示也。系辞焉，所以告也。定之以吉凶，所以断也。

《易》曰："自天佑之，吉无不利。"子曰："佑者助也。天之所助者，顺也；人之所助者，信也。履信思乎顺，又以尚贤也。是以自天佑之，吉无不利也。"

子曰："书不尽言，言不尽意；然则圣人之意，其不可见乎？"子曰："圣人立象以尽意，设卦以尽情伪，系辞焉以尽其言，变而通之以尽利，鼓之舞之以尽神。"

乾坤其易之缊邪？乾坤成列，而易立乎其中矣。乾坤毁，则无以见易；易不可见，则乾坤或几乎息矣。

是故，形而上者谓之道，形而下者谓之器，化而裁之谓之变，推而行之谓之通，举而错之天下之民谓之事业。

是故，夫象，圣人有以见天下之赜，而拟诸其形容，象其物宜，是故谓之象。圣人有以见天下之动，而观其会通，以行其典礼，系辞焉，以断其吉凶，是故谓之爻。极天下之赜者，存乎卦；鼓天下之动者，存乎辞；化而裁之，存乎变；推而行之，存乎通；神而明之，存乎其人；默而成之，不言而信，存乎德行。

系辞下

八卦成列，象在其中矣。因而重之，爻在其中矣。刚柔相推，变在其中矣。系辞焉而命之，动在其中矣。

吉凶悔吝者，生乎动者也。刚柔者，立本者也。变通者，趣时者也。吉凶者，贞胜者也。

天地之道，贞观者也。日月之道，贞明者也。天下之动，贞夫一者也。

夫乾，确然示人易矣。夫坤，隤然示人简矣。爻也者，效此者也。

象也者，像此者也。爻象动乎内，吉凶见乎外，功业见乎变，圣人之情见乎辞。

天地之大德曰生，圣人之大宝曰位。何以守位曰仁，何以聚人曰财。理财正辞、禁民为非曰义。

古者包牺氏之王天下也，仰则观象于天，俯则观法于地，观鸟兽之文，与地之宜，近取诸身，远取诸物，于是始作八卦，以通神明之德，以类万物之情。

作结绳而为网罟，以佃以渔，盖取诸《离》。

包牺氏没，神农氏作，斫木为耜，揉木为耒，耒耨之利，以教天下，盖取诸《益》。

日中为市，致天下之名，聚天下之货，交易而退，各得其所，盖取诸《噬嗑》。

神农氏没，黄帝、尧、舜氏作，通其变，使民不倦，神而化之，使民宜之。易穷则变，变则通，通则久。是以自天佑之，吉无不利，黄帝、尧、舜，垂衣裳而天下治，盖取诸《乾》《坤》。

刳木为舟，剡木为楫，舟楫之利，以济不通，致远以利天下，盖取诸《涣》。

服牛乘马，引重致远，以利天下，盖取诸《随》。

重门击柝，以待暴客，盖取诸《豫》。

断木为杵，掘地为臼，臼杵之利，万民以济，盖取诸《小过》。

弦木为弧，剡木为矢，弧矢之利，以威天下，盖取诸《睽》。

上古穴居而野处，后世圣人易之以宫室，上栋下宇，以待风雨，盖取诸《大壮》。

古之葬者，厚衣之以薪，葬之中野，不封不树，丧期无数，后世圣人易之以棺椁，盖取诸《大过》。

上古结绳而治，后世圣人易之以书契，百官以治，万民以察，盖取诸《夬》。

是故，易者，象也。象也者，像也。彖者，材也。爻也者，效天下之动者也。是故，吉凶生，而悔吝著也。

阳卦多阴，阴卦多阳，其故何也？阳卦奇，阴卦耦。其德行何也？阳一君而二民，君子之道也。阴二君而一民，小人之道也。

《易》曰："憧憧往来，朋从尔思。"

子曰："天下何思何虑？天下同归而殊途，一致而百虑，天下何思何虑？"

"日往则月来，月往则日来，日月相推而明生焉。寒往则暑来，暑往则寒来，寒暑相推而岁成焉。往者屈也，来者信也，屈信相感而利生焉。"

"尺蠖之屈，以求信也。龙蛇之蛰，以存身也。精义入神，以致用也。利用安身，以崇德也。过此以往，未之或知也。穷神知化，德之盛也。"

《易》曰："困于石，据于蒺藜，入于其宫，不见其妻，凶。"

子曰："非所困而困焉，名必辱。非所据而据焉，身必危。既辱且危，死期将至，妻其可得见邪？"

《易》曰："公用射隼于高墉之上，获之无不利。"

子曰："隼者，禽也，弓矢者，器也，射之者，人也。君子藏器于身，待时而动，何不利之有？动而不括，是以出而不获，语成器而动者也。"

子曰："小人不耻不仁，不畏不义，不见利而不劝，不威不惩；小惩而大戒，此小人之福也。《易》曰：'屦校灭趾，无咎。'此之谓也。"

"善不积，不足以成名；恶不积，不足以灭身。小人以小善为无益，而弗为也，以小恶为无伤，而弗去也，故恶积而不可掩，罪大而不可解。《易》曰：'屦校灭耳，凶。'"

子曰："危者，安其位者也；亡者，保其存者也；乱者，有其治者也。是故，君子安而不忘危，存而不忘亡，治而不忘乱；是以，身安而国家可保也。《易》曰：'其亡其亡，系于苞桑。'"

子曰："德薄而位尊，知小而谋大，力小而任重，鲜不及矣。《易》曰：'鼎折足，覆公𫗧，其形渥，凶。'言不胜其任也。"

子曰："知几其神乎！君子上交不谄，下交不渎，其知几乎？几者，动之微，吉之先见者也。君子见几而作，不俟终日。《易》曰：'介于石，不终日，贞吉。'介如石焉，宁用终日？断可识矣。君子知微知彰，知柔知刚，万夫之望。"

子曰："颜氏之子，其殆庶几乎？有不善未尝不知，知之未尝复行也。《易》曰：'不远复，无祗悔，元吉。'"

天地絪缊，万物化醇。男女构精，万物化生。《易》曰："三人行，则损一人；一人行，则得其友。"言致一也。

子曰："君子安其身而后动，易其心而后语，定其交而后求。君子修此三者，故全也。危以动，则民不与也；惧以语，则民不应也；无交而求，则民不与也。莫之与，则伤之者至矣。《易》曰：'莫益之，或击之，立心勿恒，凶。'"

子曰："《乾》《坤》，其《易》之门邪？'乾'，阳物也；'坤'，阴物也。阴阳合德，而刚柔有体，以体天地之撰，以通神明之德。其称名也，杂而不越。于稽其类，其衰世之意邪？"

"夫易，彰往而察来，而微显阐幽，开而当名，辨物正言，断辞则备矣。其称名也小，其取类也大，其旨远，其辞文，其言曲而中，其事肆而隐，因贰以济民行，以明失得之报。"

《易》之兴也，其于中古乎？作《易》者，其有忧患乎？

是故，《履》，德之基也；《谦》，德之柄也；《复》，德之本也；《恒》，德之固也；《损》，德之修也；《益》，德之裕也；《困》，德之辨也；《井》，德之地也；《巽》，德之制也。

《履》，和而至；《谦》，尊而光；《复》，小而辨于物；

《恒》，杂而不厌;《损》，先难而后易;《益》，长裕而不设;《困》，穷而通;《井》，居其所而迁;《巽》，称而隐。

《履》，以和行;《谦》，以制礼;《复》，以自知;《恒》，以一德;《损》，以远害;《益》，以兴利;《困》，以寡怨;《井》，以辨义;《巽》，以行权。

《易》之为书也，不可远;为道也，屡迁。变动不居，周流六虚，上下无常，刚柔相易，不可为典要，唯变所适。

其出入以度，外内使知惧，又明于忧患与故。无有师保，如临父母。初率其辞，而揆其方，既有典常。苟非其人，道不虚行。

《易》之为《书》也，原始要终，以为质也。六爻相杂，唯其时物也。其初难知，其上易知，本末也。初辞拟之，卒成之终。若夫杂物撰德，辨是与非，则非其中爻不备。噫!亦要存亡吉凶，则居可知矣。知者观其象辞，则思过半矣。

二与四，同功而异位，其善不同，二多誉，四多惧，近也。柔之为道，不利远者，其要无咎，其用柔中也。三与五，同功而异位，三多凶，五多功，贵贱之等也。其柔危，其刚胜邪?

《易》之为书也，广大悉备，有天道焉，有人道焉，有地道焉。兼三才而两之，故六;六者，非它也，三才之道也。道有变动，故曰爻;爻有等，故曰物;物相杂，故曰文;文不当，故吉凶生焉。

《易》之兴也，其当殷之末世，周之盛德邪?当文王与纣之事邪?是故其辞危。危者使平，易者使倾，其道甚大，百物不废。惧以终始，其要无咎，此之谓《易》之道也。

夫《乾》，天下之至健也，德行恒易以知险。夫《坤》，天下之至顺也，德行恒简以知阻。

能说诸心，能研诸侯之虑，定天下之吉凶，成天下之亹亹者。

是故，变化云为，吉事有祥，象事知器，占事知来。

天地设位，圣人成能；人谋鬼谋，百姓与能。

八卦以象告，爻彖以情言，刚柔杂居，而吉凶可见矣！

变动以利言，吉凶以情迁。是故，爱恶相攻而吉凶生；远近相取而悔吝生，情伪相感而利害生。凡易之情，近而不相得则凶；或害之，悔且吝。

将叛者其辞惭，中心疑者其辞枝，吉人之辞寡，躁人之辞多，诬善之人其辞游，失其守者其辞屈。

说　卦

昔者，圣人之作《易》也，幽赞于神明而生蓍，参天两地而倚数，观变于阴阳而立卦，发挥于刚柔而生爻，和顺于道德而理于义，穷理尽性以至于命。

昔者圣人之作《易》也，将以顺性命之理，是以立天之道曰阴与阳，立地之道曰柔与刚，立人之道曰仁与义。兼三才而两之，故《易》六画而成卦。分阴分阳，迭用柔刚，故《易》六位而成章。

天地定位，山泽通气，雷风相薄，水火不相射，八卦相错。数往者顺，知来者逆；是故，《易》逆数也。

"雷"以动之，"风"以散之，"雨"以润之，"日"以烜之，《艮》以止之，《兑》以说之，《乾》以君之，《坤》以藏之。

帝出乎《震》，齐乎《巽》，相见乎《离》，致役乎《坤》，说言乎《兑》，战乎《乾》，劳乎《坎》，成言乎《艮》。万物出乎《震》，《震》东方也。齐乎《巽》，《巽》东南也，齐也者，言万物之絜齐也。《离》也者，明也，万物皆相见，南方之卦也，圣人南面而听天下，向明而治，盖取诸此也。《坤》也者地也，万物皆致养焉，故曰致役乎《坤》。《兑》正秋也，万物之所说也，故曰说言乎《兑》。战乎《乾》，乾西北之卦也，言阴阳相薄也。《坎》者水也，正北方之卦也，劳卦也，万物之所归也，故曰劳乎《坎》。《艮》东北之卦也，万物之所成，终而所成始也，故曰成言乎《艮》。

神也者，妙万物而为言者也。动万物者莫疾乎雷，桡万物者莫疾乎风，燥万物者莫熯乎火，说万物者莫说乎泽，润万物者莫润乎水，终万物始万物者莫盛乎艮。故水火相逮，雷风不相悖，山泽通气，然后能变化，既成万物也。

《乾》，健也；《坤》，顺也；《震》，动也；《巽》，入也；《坎》，陷也；《离》，丽也；《艮》，止也；《兑》，说也。

《乾》为马，《坤》为牛，《震》为龙，《巽》为鸡，《坎》为豕，《离》为雉，《艮》为狗，《兑》为羊。

《乾》为首，《坤》为腹，《震》为足，《巽》为股，《坎》为耳，《离》为目，《艮》为手，《兑》为口。

《乾》，天也，故称父；《坤》，地也，故称母；《震》一索而得男，故谓之长男；《巽》一索而得女，故谓之长女；《坎》再索而男，故谓之中男；《离》再索而得女，故谓之中女；《艮》三索而得男，故谓之少男；《兑》三索而得女，故谓之少女。

《乾》为天，为圜，为君，为父，为玉，为金，为寒，为冰，为大赤，为良马，为老马，为瘠马，为驳马，为木果。

《坤》为地，为母，为布，为釜，为吝啬，为均，为子母牛，为大舆，为文，为众，为柄，其于地也为黑。

《震》为雷，为龙，为玄黄，为旉，为大涂，为长子，为决躁，为苍筤竹，为萑苇。其于马也，为善鸣，为馵足，为作足，为的颡。其于稼也，为反生。其究为健，为蕃鲜。

《巽》为木，为风，为长女，为绳直，为工，为白，为长，为高，为进退，为不果，为臭。其于人也，为寡发，为广颡，为多白眼，为近利市三倍。其究为躁卦。

《坎》为水，为沟渎，为隐伏，为矫輮，为弓轮。其于人也，为加忧，为心病，为耳痛，为血卦，为赤。其于马也，为美脊，为亟心，为下首，为薄蹄，为曳。其于舆也，为多眚。为通，为月，为盗。其于木也，为坚多心。

《离》为火，为日，为电，为中女，为甲胄，为戈兵。其于人也，为大腹，为乾卦。为鳖，为蟹，为蠃，为蚌，为龟。其于木也，为科上槁。

《艮》为山，为径路，为小石，为门阙，为果蓏，为阍寺，为指，为狗，为鼠，为黔喙之属。其于木也，为坚多节。

《兑》为泽，为少女，为巫，为口舌，为毁折，为附决。其于地也，为刚卤。为妾，为羊。

序　卦

有天地，然后万物生焉。盈天地之间者，唯万物，故受之以《屯》；屯者，盈也，屯者物之始生也。物生必蒙，故受之以《蒙》；蒙者，蒙也，物之稚也。物稚不可不养也，故受之以《需》；需者，饮食之道也。饮食必有讼，故受之以《讼》。讼必有众起，故受之以《师》；师者，众也。众必有所比，故受之以《比》；比者，比也。比必有所畜，故受之以《小畜》。物畜然后有礼，故受之以《履》。履而泰，然后安，故受之以《泰》；泰者，通也。物不可以终通，故受之以《否》。物不可以终否，故受之以《同人》。与人同者，物必归焉，故受之以《大有》。有大者不可以盈，故受之以《谦》。有大而能谦，必豫，故受之以《豫》。豫必有随，故受之以《随》。以喜随人者，必有事，故受之以《蛊》；蛊者，事也。有事而后可大，故受之以《临》；临者，大也。物大然后可观，故受之以《观》。可观而后有所合，故受之以《噬嗑》；嗑者，合也。物不可以苟合而已，故受之以《贲》；贲者，饰也。致饰然后亨，则尽矣，故受之以《剥》；剥者，剥也。物不可以终尽剥，穷上反下，故受之以《复》。复则不妄矣，故受之以《无妄》。有无妄然后可畜，故受之以《大畜》。物畜然后可养，故受之以《颐》；颐者，养也。不养则不可动，故受之以《大过》。物不可以终过，故受之以《坎》；坎者，陷也。陷必有所《丽》，故受之以离；离者，丽也。

有天地，然后有万物；有万物，然后有男女；有男女，然后有夫妇；有夫妇，然后有父子；有父子，然后有君臣；有君臣，然后有上下；有上下，然后礼仪有所错。夫妇之道，不可以不久也，故受之以《恒》；恒者，久也。物不可以久居其所，故受之以《遁》。遁者，退也。物不可终遁，故受之以《大壮》。物不可以终壮，故受之以《晋》；晋者，进也。进必有所伤，故受之以《明夷》；夷者，伤也。伤于外者，必反其家，故受之以《家人》。家道穷必乖，故受之以《睽》；睽者，乖也。乖必有难，故受之以《蹇》；蹇者，难也。物不可终难，故受之以《解》；解者，缓也。缓必有所失，故受之以《损》。损而不已，必益，故受之以《益》。益而不已，必决，故受之以《夬》。夬者，决也。决必有所遇，故受之以《姤》；姤者，遇也。物相遇而后聚，故受之以《萃》；萃者，聚也。聚而上者，谓之升，故受之以《升》。升而不已，必困，故受之以《困》。困乎上者，必反下，故受之以《井》。井道不可不革，故受之以《革》。革物者莫若鼎，故受之以《鼎》。主器者莫若长子，故受之以《震》；震者，动也。物不可以终动，止之，故受之以《艮》；艮者，止也。物不可以终止，故受之以《渐》；渐者，进也。进必有所归，故受之以《归妹》。得其所归者必大，故受之以

《丰》；丰者，大也。穷大者必失其居，故受之以《旅》。旅而无所容，故受之以《巽》；巽者，入也。入而后说之，故受之以《兑》；兑者，说也。说而后散之，故受之以《涣》；涣者，离也。物不可以终离，故受之以《节》。节而信之，故受之以《中孚》。有其信者，必行之，故受之以《小过》。有过物者，必济，故受之《既济》。物不可穷也，故受之以《未济》，终焉。

杂　卦

乾刚，坤柔，比乐，师忧。临、观之义，或与或求。屯见而不失其居。蒙杂而著。震，起也。艮，止也。损益，盛衰之始也。大畜，时也。无妄，灾也。萃聚，而升不来。谦轻，而豫怠也。噬嗑，食也。贲，无色也。兑见，而巽伏也。随无故也，蛊则饬也。剥，烂也。复，反也。晋，昼也。明夷，诛也。井通，而困相遇也。咸，速也。恒，久也。涣，离也。节，止也。解，缓也。蹇，难也。睽，外也。家人，内也。否、泰，反其类也。大壮则止，遁则退也。大有，众也。同人，亲也。革，去故也。鼎，取新也。小过，过也。中孚，信也。丰，多故也。亲寡，旅也。离上，而坎下也。小畜，寡也。履，不处也。需，不进也。讼，不亲也。大过，颠也。姤，遇也，柔遇刚也。渐女归，待男行也。颐，养正也。既济，定也。归妹，女之终也。未济，男之穷也。夬，决也，刚决柔也，君子道长，小人道忧也。

《周易》筮法折中

《周易》卜筮方法，从文献的角度讲，主要的有"二源"与"二流"。

"源"之一是《易系辞》里面有一段专论筮法："大衍之数五十，其用四十有九。分而为二以象两，挂一以象三，揲之以四以象四时，归奇于扐以象闰，五岁再闰，故再扐而后挂……是故，四营而成易，十有八变而成卦。"语焉不详，留下了后世争论的空间。

"源"之二是《左传》中占卜之例。如："僖公十五年：初，晋献公筮嫁伯姬于秦，遇归妹之睽（归妹上六变而为睽）。史苏占之，曰不吉。其繇曰：士刲羊亦无血也，女承筐亦无贶也。归妹之睽，犹无相也。睽孤，寇张之弧（注：此睽上九爻辞也，处睽之极，故曰睽孤；失位孤绝，故遇寇难，而有弓矢之警。皆不吉之象）。及惠公在秦，曰：'先君若从史苏之占，吾不及此。'"可以此推论占卜的原理及具体的操作。

"流"之一是汉代象数易学，"流"之二是宋儒的综合梳理。前面提到过了，此不具论。

具体步骤及说明：

一，50-1=49（此"1"永闲置。50或55，话题之一）。

二，49分为两部分，分置于上下或左右，分别象征天地。从上或下、左或右抽出一策置于中间，象征三才之人（话题之二），于是总数变为48。

三，两边分别除以4，即"过揲"，结果有三种可能，即

① 除尽，视为余4与4 ⎱
② 余1与3   ⎰ 把预抽之"1"取回，与两   ⎱ 9
③ 余2与2   个余数加到一起（即"归奇   ⎰ 5
                    于扐"，话题之三），得   5

（其中，得9的可能性与得5的可能性为1：3）。

四，49减去9或5，剩40或44；重复二、三的操作——分二、抽一、除四、归余：

40（或44）分两部分，再抽出"1"待用（话题之四。这是分歧焦点，也是筮法最具根本意义的争论话题*）。

于是，变为39（或43），除以4，必余3或7，然后把挂扐之"1"拿回来，加到

一起，得 ⎱ 4
         ⎰ 8

（或抽取1情况下，则4与8之比为1：1；倘不取，则4与8之比为3：1）。

五，40（或44）减去8或4，剩32或36或40，重复二、

三的操作，如四：

则为 31 或 35 或 39，分两部分，再抽出"1"待用，然后各自除以 4，必余 3 或 7（除尽则视为余 4），把"1"找回加入，得 4 或 8。

40 或 36 或 32，减去 4 或 8，剩 36 或 32、28、24。

六，将 36 或 32、28、24 分别除 4，则得到 9 或 8、7、6。这便完成了初爻的操作。

9 与 7 对应阳爻，6 与 8 对应阴爻。

9 与 6 为"老"，7 与 8 为"少"。

6 称为"老阴"，示为○；9 称为"老阳"，示为 ×；

7 称为"少阳"，示为—；8 称为"少阴"，示为 --。

这种把"正策（即 36、32、28、24）"除四以定爻性（阴或阳）的方法称为"过揲法"。

（抽取 1，则 4 与 8 之比为 1：1；倘不取，则 4 与 8 之比为 3：1）。

（累计之，不抽取则"老"［即最后得到 9、6 的情况］的比例明显偏低，且老阴［即得 6］的比例尤低）。

七，另一种方法（结果一样，但又一话题，为话题之五），以余数观之，称"挂扐法"。

统计三、四、五的余数情况，共有四种：

① "三多"，即 9+8+8，（其和 25，49−25 → 24，24÷4 → 6）

（"多"者含 2 组"4"，故以"2"计，得 2+2+2 → 6）

故，诀曰"三多老阴"。

② "三少"，即 5+4+4，（其和 13，49−13 → 36，36÷4 → 9）

"一围三（朱熹的说法，即'除 4 之商再乘 3'）"，得 9（"少"者含 1 组"4"，然以 1 当 3，故有 $1 \times 3 + 1 \times 3 + 1 \times 3 \to 9$）。

故，诀曰"三少老阳"。

③ "两多一少"，即

依前例，2+2+3 → 7

故，诀曰"一少少阳"。

$$\left\{ \begin{array}{l} 9 + \left\langle \begin{array}{l} 8 \\ 4 \end{array} \right. \longrightarrow 21/49 - 21 \\ 5 + \left\langle \begin{array}{l} 8 \\ 8 \end{array} \right. \longrightarrow 21/49 - 21 \end{array} \right\} 28 \quad 28 \div 4 \to 7$$

④ "两少一多"，即

依前例，2+3+3 → 8

故，诀曰"一多少阴"。这种把"余数（即 9、8、7、6）"除四以定爻性（阴或阳）的方法称为"挂扐法"。

$$\left\{ \begin{array}{l} 9 + \left\langle \begin{array}{l} 4 \\ 4 \end{array} \right. \\ 5 + \left\langle \begin{array}{l} 4 \\ 8 \end{array} \right. \end{array} \right\} 17/49 - 17 \longrightarrow 32 \quad 32 \div 4 \to 8$$

八，把六（或七）中四种情况之一的结果（○、−−、一、×），记为初爻；重复此过程，共六次，乃得一卦。

九，得老阳，老阴为变爻，变为少阴、少阳，变的总机率为 25%；以六爻计，每卦出现变爻的总机率为 50% 强。

266

十，变爻所变，即得另一"之卦"。

十一，阐释原则：

0 老，看本卦卦辞。

1 老，主看本卦爻辞，参看所之相应爻辞。

2 老，主看本卦爻辞，以上爻为主；参看所之相应爻辞。

3 老，看本、之卦卦辞，本卦为主。

4 老，看之卦不变爻爻辞，以下爻为主；参看本卦相应爻辞。

5 老，看之卦不变爻爻辞；参看本卦相应爻辞。

6 老，看之卦卦辞，参看本卦卦辞。

注：

"三易"问题。关于"三易"，说法最系统、影响最大的，当属《周礼》。但《周礼》实际上是战国中期无名氏的托名伪书。

"易"字的别解。另一种理解是"易"字的上方是"日"，下面是"月"，日月更替而位置不停变化。在"变化"这点上与"蜥蜴说"并无二致。

思想文化随笔六篇

萃取、激活、兼容、发展

近年来，国家的主要领导人多次就文化建设发表重要讲话，其中强调"中华文化积淀着中华民族最深沉的精神追求，是中华民族生生不息、发展壮大的丰厚滋养"，"中华优秀传统文化是中华民族的突出优势，是我们最深厚的文化软实力"，"中华民族创造了源远流长的中华文化，中华民族也一定能够创造出中华文化新的辉煌"。

把文化问题提升到这样的高度，由党和国家的最高领导人如此密集地谈文化问题，可以说是史无前例的。这是因为，历史发展到今天，我国经济总量已经接近世界各经济体的榜首，而同时，文化建设的问题也就前所未有地凸显在中华民族的面前。全面整理中华优秀传统文化，提炼其精华，在现代语境中予以恰切的阐释，使其成为当前文化建设的重要资源，成为凝聚人心、提高社会文明程度与道德水准的正能量，成为对外文化交流的软实力的体现，是当前刻不容缓的任务。基于这样的认识与态度，我们可以把工作大思路概括为"萃取、激活、兼容、发展"。

所谓"萃取"，即提炼、选取中华传统文化中的优秀部分，特别是在当今语境中特别有价值的内容。强调"萃取"，意在反对"凡古皆好""泥古不化"的复古倒退的偏向，反对不切实际的简单的"复兴儒学"或"复兴老庄"。

由于近代以来种种特殊的历史原因，相当一部分国人对传统文化的态度趋于两种极端。一个极端是历史虚无观，表现为妄自菲薄，气馁心虚，以为百事不如人。这种倾向与所谓"后现代""解构主义"思潮合流之后，在一些青年人中有突出的表现。在其影响之下，他们对于民族的历史，对于祖先的辉煌往往视而不见，缺乏起码的尊重，更有甚者，为了哗众取宠，不惜向祖坟上大泼污水。在网络的环境下，这种浅薄无知的言论有时会被放大，去影响更多涉世不深的青少年。另一个极端是厚古薄今，厚中薄西，表现为古代的一切都奉为至宝。这种倾向往往被一些江湖术士利用，打着"国学"的幌子，贩卖封建迷信、反科学的假货。如何缩小两种偏向的市场，充分激发传统文化中的"正能量"，使其有更广泛的积极影响力，是我们必须应对的挑战。而应对的主要方略就是"萃取"。

"萃取"，可以凸显其价值，也利于跨文化交流；"萃取"，还避免了玉石混杂，开历史倒车。

所谓"激活"，即把中华优秀传统文化同当前文化建设结合起来，使其成为当前民族精神家园中生机勃勃的"绿树"。强调"激活"，是因为我们顶礼传统是为了现在与未来；传统是民族的、大众的文化资源，而不应是少数人把玩的古董。"原装"的传统文化，是不能直接指向现代化的，只有重新铸造之后才是傲视群雄的软实力。

"激活"，一是要求人文学者走出象牙塔，要把自己的研究同当前的文化建设，同中华民族的文化复兴相关联。人文学者一定要有人文情怀，才能把死的文献变成活的文化。二是传统文化的整理、弘扬、普及都要在当代语境中展开。不能"以古释古"，以"还原历史"为借口，逃避当前的文化责任。

当然，激活绝不是"穿靴戴帽"，让古人满口现代名词，而是使传统渗入现代人的文化生活，从而获取新的生命力。

所谓"兼容"，即强调中华优秀传统文化要同主流意识形态形成和谐共存的关系，强调要以开放的姿态同世界文明（包括西方文化）形成积极的对话关系，在以我为主与兼容多元之间，提供最佳的并存共荣空间，而不是妄自尊大、封闭排他的状态。

全球化的时代特点使得中华民族的文化复兴面临着十分复杂的国际文化环境。随着全球化的推进，本来就在诸多方面存在着民族性差异的西方文化难免会对中国文化、对中国人既有的行为方式乃至价值观念、思维方式等造成冲击。与此同时，由于中国与以美国、欧洲为主体的西方国家之间在意识形态方面存在着明显的不同，再加上某些西方国家总要僵固地体现其"分化"中国与"西化"中国的图谋，这就不仅会对中国文化的向心力与凝聚力产生负面作用，而且甚至会影响到中国的文化安全。这种情况构成了当前"弘扬中华优秀传统文化"的一种特殊的语境，应对不当也会对我们民族的精神家园产生解构的力量。

所谓"发展"，是主张在继承祖先优秀遗产的同时，有责任、有志向将其弘扬光大，成为民族振兴之"中国梦"的组成部分；创造了辉煌的传统文化的祖先是值得尊敬的，但超越祖先是有出息、有担当的后来人义不容辞的责任。

实际上，当我们在传统文化的土壤上，进行着中国特色社会主义新文化建设的时候，我们已经是在做着前人未有的事业，是给传统文化注入了新的更加强劲的生命力。

我们可能面临着两方面的理论挑战。

其一或曰：文化总是与特定的社会发展阶段联系着的，离不开那些特定的经济、政治的土壤；"剥离"或者说是"萃取"是做不到的。这种看法其实与五十年前对"抽象继承论"的批判一脉相承。其误区是与当时把"阶级性"与"人性"割裂、对立的大的思想背景密切相连的。殊不知"味之于口，有同嗜焉"是当年毛泽东引述的名言，人类有超越了阶级性的共通的东西，文明不仅有阶段性，更有连续性。更何况，随着历史研究摆脱了各种僵硬的教条之后，人们已经意识到，文化与政治、经济的关系，并非单向度的被决定，而是双向的相互影响的。说"萃取"，只不过是在强调文化传承中的清醒与自觉，其实历史的潮流已经且将继续进行着文化的传承并加以淘洗。

其二或曰：传统文化有些就是可以完整搬取，无须什么"萃取"与"激活"，如"中华孝道"等。这和前者立场正相反对，而偏执一词却是方式相通。就不妨以"孝道"作例子看一看。一般说起来，对于中国人，"孝道"应是无可争辩的。无论何时何地，一个中国人如果被扣上"不孝"的帽子，就会立刻陷入千夫所指的窘境。"孝道"中确实包含了不少今日仍不失其价值的观念，如重视亲情、尊老爱幼、心怀感恩等。但也要看到其中的问题，特别是与当今社会状态格格不入的那些问题。例如"孝顺"的"顺"字是家庭中权力与服从的关系，意味着自上而下的绝对支配权、决定权。我们可以来看一看《礼记》对小一辈婚姻的"规定"。在"孝顺"的名义下，儿女的婚姻向来要由父母做主。《礼记》的有关规定十分详细："子甚宜其妻，父母不悦，出。子不宜其妻，父母曰'是善事我'，子行夫妇之礼焉，没身不衰。""子有二妾，父母爱一人焉，子爱一人焉，由衣服饮食，由执事，毋敢视父母所爱，虽父母莫不衰。"

　　这些规定非常之严酷：明明是夫妻"甚宜"，但只要是"父母不悦"，便不带任何条件地"出"——逐回娘家，其中没有丝毫回旋的余地。第二条虽说的是侍妾，但对前者也有强化的意味。因为"父母爱一人，子爱一人"的对比效果十分强烈，于是突出了当事人情感的完全无价值。为《礼记》作注的金华应氏阐发道："唯父母是听——知有亲，而不知有己也。""不知有己"，揭示出一个残酷的事实：在礼法之下，在父母面前，儿女个人的主体地位是彻底丧失的，夫妻感情是没有任何意义的。著名的乐府诗《孔雀东南飞》、陆游的《钗头凤》、沈复的《浮生六记》等，都描写了"父母不悦，出"的具体情形，令人感叹不已。戴震讲："上以理责其下，而在下之罪，人人不胜指数。人死于法，犹有怜之者；死于理，其谁怜之？"正是揭示出"上""下"权利不对等的严酷事实。

所以，热情而冷静的态度，全面而客观的眼光，是我们对待传统文化时特别需要的。

一个被忘记的核心概念："忠恕"

近年来，一连串令人吃惊的大事小情走红网络。复旦的博士生投毒案，不仅是因发生在名校而"出名"，更使人感到震动的是读书读到这样高的层次，竟为"分摊水费"的琐事下此狠手。雅安地震募捐的情况与汶川地震的募捐情况有天壤之别，据说上年度整个社会善款额"跳水"竟达百亿。如此等等，使我们痛感在民族复兴的进程中，社会心理之困境已成为当下亟待解决的难题。

频发的社会冲突以及"围观者"的态度，暴露出社会整体的文化认同感在明显下降。而文化建设方面，成效似乎也并不如预期，可以利用的资源相对匮乏，以致国外的某些政客放言"中国不足畏"，理由是"没有属于自己的有影响力的思想文化成就"。

有鉴于此，挖掘传统文化中的"富矿"，加以"冶炼"，进行激活，使其成为文化建设的本土资源，既可以下接"地气"，又可以显示华夏文明的重生活力，便成为当下刻不容缓的任务。

传统思想文化的体系中，有一个核心概念被国人忘记、冷落了多年，这就是"忠恕"。

"忠恕"是儒学重要的居于核心地位的概念。《论语·里仁》记载：

> 子曰："参乎，吾道一以贯之。"曾子曰："唯。"子出，门人问曰："何谓也？"曾子曰："夫子之道，忠恕而已矣。"

把"忠恕"与孔子尊奉的"道"联系在一起，这已经是很高的定位了。而"一以贯之"更进了一步，明确以"忠恕"为整个思想体系的核心、骨架。在另一篇《论语·卫灵公》中，孔子再次表达了类似的观点：

> 子贡问曰："有一言而可以终身行之者乎？"子曰："其恕乎。"

作为终生的行为准则，孔子标举出"恕"为首选，其重视程度不言而喻。

而在孔子的思想体系中，有两段重要的论述实为上述"忠恕"说的注脚："夫仁者，己欲立而立人，己欲达而达人。""己所不欲，勿施于人。"二者的共同点都是"推己及人"，也就是"恕道"。前者是从积极面讲，后者是从消极面讲，合起来乃得全面。

正是由于孔子如此推重，后世儒者也便给予高度重视，出现了大量的相关阐释文字。仅《朱子语类》一书中，这个词就出现了217次，可见一斑。这些阐释文字主要集中在三个方面的内容上：一个是概念本身的释义；一个是揭示、讨论与儒学其他概念的关联；一个是评价这一概念的意义与价值。由于孔子自己没有更为具体、详尽的解释，也由于阐释者各自理论倾向的差异，这些阐释文字之间表现出一定的畸轻畸重的出入。但这种出入互相补充，反而更扩充了"忠恕"的理论蕴涵。

儒学经典的注疏中，邢昺疏云："忠，谓尽中心也。恕，谓忖己度物也。"孔颖达疏云："忠者，内尽于心；恕者，外不欺物。恕，忖度其义于人。"这两种解释对后世影响很大，不过实乃后起之说。先秦至两汉的文献中，"忠"主要有二义：其一指美德，如"忠，德之正也"（《左传·文公元年》），"忠者，德之厚也"（《贾子·大政上》）等。其二专指臣下事君之道，如"逆命而利君谓之忠"（《荀子·臣道》），"忠者，臣之高行也"（《管子·形势解》）等。到南北朝时，皇侃的《论语疏》中才有"忠，谓尽中心也"的新解。"恕"的早期释义也较泛，如"恕，仁也"（《说文》）。不过，以"忖己度人"解

"恕"，大多数文献是一致的。

从皇侃到孔颖达、邢昺，他们的共同点是，变前人伦理评价式的解释为状态描述。"尽中心""内尽于心"都不是明显的褒赞语。由于这种解释较为抽象，可以涵括前人种种不同说法，且暗合于理学家喜谈心性的倾向，故宋代以还，言及"忠恕"者，大多据此而生发。宋儒如二程所云：

> 恕字甚大，然恕不可独用；须得忠以为体。不忠何以能恕！
> 忠恕，所以公平。造德则自忠恕，其致则公平。
> 天地变化草木蕃，不其恕乎？（均见《二程遗书》）

朱熹则云：

> 尽己之谓忠，推己之谓恕。
> 忠只是一个忠，做出百千万个恕来。（均见《朱子语类》）

这便开始给予"忠恕"更丰富的理论内涵，而不是简单地以"忠君"释忠，以"宽恕"释恕了。到了明儒，特别是阳明的门下及后学，对于"忠恕"的理论内涵有了更大的发挥甚至创造，如《明儒学案》所录：

> 孔门宗旨，惟是一个仁字。孔门为仁，惟一个恕字。

如云"己欲立而立人，己欲达而达人"，分明说己欲立，不须在己上去立，只立人即所以立己也。己欲达，不须在己上去达，只达人即所以达己也。（罗汝芳）

盖天地之视物，犹父母之视子……此段精神古今独我夫子一人得之，故其学只是求仁，其术只是个行恕，其志只是要个老便安，少便怀，朋友便信，其行藏，南子也去见，佛肸也应召，公孙弗扰也欲往……于人亦更不知一毫分别，故其自言曰："有教无类。"（罗汝芳）

恕者，如心之谓，人己之心一如也。若论善，我既有，则天下人皆有；若论不善，天下人既不无，我何得独无？此谓人己之心一如。（杨启元）

忠恕是学者求复其本体一段切近功夫。（聂豹）

对于心学"忠恕"理论传承阐发最力的是金圣叹。他在《水浒传》评论中以"忠恕"解释作品的思想倾向与人物塑造：

粤自仲尼殁而微言绝，而忠恕一贯之义，其不讲于天下也，既已久矣。夫"中心"之谓忠也，"如心"之谓恕也。……率我之喜怒哀乐自然诚于中形于外，谓之"忠"；知家国天下之人率其喜怒哀乐无不自然诚于中形于外，谓之"恕"。知喜怒哀乐无我无人无不自然诚于中形于外，谓之"格物"；能无我无人无不任其自然喜怒哀乐，而天地以位，万物以育，谓之"天下平"。

综合上述论述，在"忠恕"的思想系统中，包含了以下几层意思：第一，"忠"就是真实自我的充分表现。第二，"恕"就是体认他人的自我表现，给予理解与肯定。第三，实现"忠恕"，体现社会的宽容与公平，是天下大治的表现。第四，"忠恕"合乎大道，是天地化育万物的基本精神，所以也就是个人最高的精神境界——与"仁"贯通。

"忠"与"恕"的关系，与《周易》中《乾》《坤》二卦的《象辞》关系甚为相似，可以互相映发。《乾·象》曰："天行健，君子以自强不息。"讲的是主体意志，是强势做人。《坤·象》曰："地势坤，君子以厚德载物。"讲的是顺应社会与他人，是厚道处世。二者合观，可以看作是理想的人格。这与"忠恕"之道庶几近之。

作为一个思想系统，"忠恕"这个核心观念中蕴含了伦理学的因素——个人的道德标准；蕴含了社会学的因素——人际关系的理想状态；蕴含了认识论的因素——人与人如何在精神层面沟通、交集；蕴含了本体论的因素——世界多样性的解释。因此，称之为本土思想传统中的"富矿"绝非过誉。

如此可贵的思想文化资源，何以长期被冷落，甚至被大泼污水呢？当然是和过去的百余年那种特殊的历史环境有关。时代主题促使"与天斗、与地斗、与人斗，其乐无穷"的斗争哲学大行其道，"忠恕"自然就退避三舍了。时至 21 世纪，时代主题发生了根本的转变，重新审视"忠恕"的意义与现实价值也就适逢其时了。

其实，费孝通先生著名的"各美其美，美人之美；美美与共，天下大同"主张，正是"忠恕"思想的现代表述。在现代学术的视域下，我们还不妨对"忠恕"有一种现代理论话语的表述："忠"所强调的，就是一个人的主体性，或者说是主体的自觉；"恕"所要求的，就是对于"主体间性"的了解与践履。

我们还可以在对"忠恕"进行现代阐释，激活它使其融入现代话语体系的基础上，进一步构建"道—忠—恕—仁"的更大的理论框架。这对于与西方进行平等的思想文化对话当大有裨益。

诚然，任何一种理论都有其特定的适用范围，没有可以包打天下的思想。在当今日趋复杂的世界形势下，更不能给"忠恕"之说太多负担。它的主要功能当在于提升国人人生的境界感，从纯粹功利的泥沼里拔出腿来——即使力有不逮，也促使更多人"心向往之"。也许，"忠恕"精神的复活，对于消除或是削弱弥漫着的戾气能起到一些作用。同时，伴随着对"忠恕"的阐释、激活，它可以成为构建当代中国国际形象的重要侧面，成为中华崛起的一份助推力。至于在另外的场合，我们还需要不同的文化精神，那属于另一篇文章讨论的内容了。

对复兴儒学的困惑与思考

儒学评价的问题，自"五四"以来，几度成为学术界的热点，扬之者九天，抑之者粪壤，实为最棘手的公案之一。而诸多前辈时贤沉浸其中，钩沉索隐，发微阐幽，各种观点均有相当充分的论述，可谓剩义无多。笔者对此素有兴趣，但于抑扬之际，颇感难以定夺，本无置喙意。近年来，随着国家经济转型的加速，对文化建设的呼唤也日见强烈，复兴儒学的主张又时见报刊，大意谓东亚各国的经济腾飞有赖于儒学，而我国应借鉴此经验，以倡导推行儒家文化来促进现代化进程。因兹事体大，于国计民生或有关联，故不揣浅陋，略陈多年之困惑，以期引起讨论。

对儒家的很多观点，笔者内心亦颇欣赏。比如"仁者，爱人"，提倡和谐的人际关系，当然很好；"老吾老以及人之老，幼吾幼以及人之幼"，提高社会的道德境界，无疑有益；"夫子之道，一以贯之，忠恕而已"，存在着很大的理论再生的空间，值得珍视；等等。但是，也有为数不少的主张，令人难以苟同，如"君君，臣臣，父父，子子"，是后世"三纲五常"的滥觞，对社会的改革、发展怕是弊大于利。不过，问题的关键不在这里，而在于作为一个完整的有机的思想体系，作为一个曾经在历史实践中检验了两千余年的学说，其评价不能各取所需地割裂来看，也不能离开其发展流变的过程来看，更不能脱离实践的效果来看。而一旦把儒学放在具体的历史过程中进行整体性考察时，似乎难于摆脱一系列的困惑，包括理论方面、历史方面及方法论方面等。

要"复兴儒学"，首先面临的是"何谓儒学"或"儒学的基本内涵是什么"的问题。众所周知，两千五百年间，自居于"儒"者枝叶纷披，却从未实现过"大一统"。先是"儒分为八"，继而是孟、荀异趋，接下来是今古文之争，道统之辨，朱陆、朱陈、朱王之异同，等等，出主入奴，同室操戈，迄未断绝。而人们通常作为中华民族文化主干称道的"儒学"，是包括了（也应该包括）这纷纷杂杂、林林总总的一切的。那么，两千五百年后的我们，若谈"复兴儒学"，则无法回避对象选择上的困惑。

可能的选择有以下四种。

一是笼而统之地包容，凡自张儒家旗号者皆为复兴对象，这显然行不通——"自张旗鼓自操戈"，实与我们文化建设的初衷不合。

二是拣择其中一二合自家口味者张扬之，而摒弃其余。如海外"新儒学"主要取材于程朱，国内有学者特赞赏具有一定超越意味的阳明心学等。若作为学术研究，偏好自然无妨，但若作为"复兴儒学"大前提下的选择，便不免碍难之处。即以程朱、阳明而言，当年颜元、李塨、戴震之关便都很难通过；而他们彼此之间的攻讦也是定不可免的。如果"复兴"之军马

281

未动，争辩、批判之旧案已先行，那样的话，作为今日文化建设的一种选择，自然是不够明智的了。

三是归纳、抽绎出儒学的"本质""特质""共性"，而忽略各派标新立异之点。这种主张听起来较为合理，但具体运作起来亦有相当困难。因为不仅归纳时无法避免见仁见智的分歧，而且基本思路上存有悖论之嫌。儒学的"本质"是由"儒家"各派中略异存同归纳得出的，而作为归纳的对象，其确定标准则为"儒学"的"本质"，这就陷入了互为前提的逻辑困境。举例来说，泰州学派算不算儒学一派，王艮、何心隐乃至李卓吾、金圣叹算不算儒家一员，这似乎要看他（它）是否合乎儒学"本质"特性。而儒学"本质"特性的抽绎，或宽或严，却又取决于是否把这些"边缘"人物、派别列为归纳对象。正因为运作的上述困难，所以近年来做这方面文章的，结论颇有歧异。如或归结为"治国安民""修己安人""经世致用"，或归作"性情与礼教的关系""修身与事功的关系"等。而这些命题有时失于空泛，有时内存矛盾倾向。在"知"的层面上，作为一种理论分析，自有其价值；但若落实到"行"的层面，作为"复兴"的内容，则未免因空泛而甚难运行。

四是"回到孔子"。这也是一种听起来很诱人的主张。既然程朱陆王各有其偏，何不回到原初纯正的阶段？近年来论证儒学有益于经济发展者，多循此思路阐发自己的观点。然而，这种选择似也有两个难解之结。首先，两千余年间，先儒们面临内部的离异纷争时，何尝不援孔为据，"以孔子之是非为是非"。正如扬雄所言，"众言淆乱则折诸圣"（《法言·吾子》）。但这只能为各自多一些自我肯定的论据，从未消除已有的分歧，也从未有哪个人真的"回到"了孔子时代。历史一经离开，绝对无法返回。孔子殁后，弟子们因有子相貌似孔子，而推举他为师，但貌似容易，神似不能，于是终于有子张、子夏、子游的学派分裂。究其原因，实与孔子思想的内在矛盾倾向有关。亲炙弟子尚不能维持师说，今人又如何"返回"？其次，我们之所以要在传统文化的基础上再造辉煌，并非有思古之幽情，也不是囿于民族之立场，而是因为几千年的历史已把这种文化溶入民族血液之中，无论你喜欢不喜欢，它都或显或隐地存在着，是绝对无法摆脱的事实。所以，"五四"那样猛烈的文化批判浪潮过后，虽留下了一些新的东西，但传统文化的深层格局却如落潮后的礁石，又浮现、挺立出来。故此，新文化的建设，只能是承认传统，然后因势利导之。这才是重视传统文化的根本原因。因而，"删掉"两千五百年，直接孔子，不仅事实上不能做到，而且也大悖于初衷。

四种选择似都有障碍，此困惑之一也。

主张复兴儒学者，大多有一种倾向，即有意无意间将儒学脱离开具体的社会历史背景，而描述为超越现实经济基础与政治制度的"纯"道德观或文化哲学。这显然是过于简单化而且不免于一厢情愿了。在儒学不再是一般的学术思想，而是社会的统治思想，是指导社会生活各领域的官方哲学时，在它已经

283

实实在在地运作于社会生活两千余年的情况下，如果闭目不见这一实践过程，不分析其实践效果，而仅仅有选择地抽绎某些理论命题作评论依据，恐怕算不得科学、客观。譬如评价一个植物品种的优劣，不去田间观察其长势，不去仓廪过问实际收成，而端坐于书斋把玩之，测其直径，察其色泽，那么即使写出一百份观察报告，也终未得其要领。

儒学的实践品格主要表现在它开出的两份"药方"上：如何管理社会，如何做人。检验其实践效果，也应从这两个方面着眼。

就前一方面来说，儒学史上有一桩著名的公案，应对我们有所启发，这就是南宋时陈亮与朱熹的"王霸义利"之辩。淳熙九年，朱熹为官衢州，布衣陈亮登门求教，结果在"王霸义利"及"天理人欲"诸问题上产生分歧，辩论十天未有结果。此后，陈亮因议论、批判时政而入狱。出狱后，朱熹去信劝诫道："绌去义利双行、王霸并用之说，而从事于惩忿窒欲、迁善改过之事，粹然以醇儒之道自律。"（《寄陈同甫书》）他明确地把"醇儒之道"与"事功"置于彼此对立的地位。对此，陈亮作书反驳。你来我往的笔墨官司打了多年，终以各自坚持己见而不了了之。

在这场辩论中，双方的一个焦点是对历史的认识和对历史人物的评价。朱熹先后致书十五封，认为只有上古时的政治才合乎天理，后世均为人欲，即使事功最盛的汉唐也是"以智力把持天下"，"专以人欲行"。因此，他把历代英雄一笔抹倒。

对此，陈亮自不会心服，他摆出汉高祖、唐太宗的功业，"以其国与天地并立，而人物赖以生息"，"本领非不洪大开廓"。然后反问，若如此尽不合乎"天理"，那么"万物何以阜蕃，而道何以常存乎"（《甲辰秋与朱元晦书》）。

对于朱熹持论之偏，后人多有讥弹，杨慎尖锐指出："朱文公……评论古今人品，诚有违公是而远人情者。……秦桧之奸，人皆欲食其肉，文公乃称其有骨力；岳飞之死，今古人心何如也，文公乃讥其横，讥其直向前厮杀。汉儒如董如贾，皆一一议其言之疵。诸葛孔明名之为盗，又议其为申、韩；韩文公则文致其大颠往来之书，亹亹千余言，必使之不为全人而已。盖自周、孔而下，无一人得免者。"确实，以常理常情衡量，朱熹的这些观点都是"违公是而远人情"的。但是，平心而论，他却并非信口雌黄。他的臧否标准是明确的，就是"内圣外王""致君尧舜""修齐治平"的儒家理想政治观。而以此衡量历史人物，没有一个可以及格。

陈亮与朱熹的辩论，至少可以给我们两点启示：其一，站在儒家的立场上，做事业的"英雄"与修心性的"醇儒"是格格不入的（大程也有"不可存丝毫计较利害之心"的说法）。其二，孔子之后，朱熹之前，一千余年间的政局无论兴衰，儒家的政治理想从未真正实现，历史的发展证明了儒家的政治理想只能是空中楼阁。

但是，多数研究者仍然说儒学是民族文化的主干，说儒学是封建政治的重要理论基础，而历代统治者也确实标榜儒学，甚至以儒学为取士依据选拔政治人才，这应该说也是事实。两种情况貌似抵牾，其实并无矛盾。因为儒学的政治主张本有两个层面，一是理想层面，一是现实层面。前者是所谓"王道统治"，张扬得热闹，却从未真正实现过，甚至也未曾有过哪怕较为认真些的实践。后者则是以"纲常""忠孝"为基础的君主专权统治。儒者对此并无太多的理论阐述，但在实践的层面上却无不承认其绝对权威；而历代君主也正是在这里发现了与儒学的契合点。《明实录》洪武十八年冬十月，记载朱元璋"御制《大诰》成，颁示天下"时的言论："（胡元时）华风沦没，彝道倾颓，自即位以来，制礼乐，定法制，改衣冠，别章服，正纲常，明上下，尽复先王之旧，使民晓然知有礼义，莫敢犯分而挠法。万几之暇，著为《大诰》，以昭示天下。……忠君孝亲，治人修己，尽在此矣。能者养之以福，不能者败以取祸，颁之臣民，永以为训。"很明显，核心思想是"纲常"与"忠孝"，据"纲常"而使上下尊卑得以明确，倡"忠孝"而使臣民守礼义，"莫敢犯分"地驯顺接受统治。朱元璋这段话极有代表性，明确揭示出儒学与君主政治间的实质性联系。宋理宗、元仁宗、清圣祖、清高宗等，皆有类似言论。而汉高之用叔孙通，汉武之用董仲舒、公孙弘，虽未明言，其用心亦分明在此。

这种情况怎样评价，也是较为复杂的话题。"纲常""忠孝"对于农耕文明条件下的宗法制社会，应该说是基本"合身"的。而随着农耕文明被超越，宗法制社会随之崩解，这些思想及其实践操作成为"已陈之刍狗"自属理所当然。

再说另一方面。那些理想层面的儒家政治观念,在两千余年间并非毫无作用。它有时成为改良政治的依据,有时成为批判、矫正现实的理论武器,可以说是封建制度得以自我调整的重要因素。但是,这种积极的作用总是十分有限的,原因就在于它摆脱不了一个根本性的局限,即君主的绝对权威。所以,即使如海瑞那样冒死直谏,只要君主"龙颜大怒",他也就只剩下"天子圣明,臣罪当诛"的份儿了。甚至被誉为"明君"的乾隆帝,当直臣尹壮图指出某些政策弊端时,他恼羞成怒,对尹侮辱打击几死,只不过是为了自己的一点"面子"而已。

主张复兴儒学的人,往往只看到儒家政治学中理想层面的某些命题,如"足食足兵""使民以时"之类,而忽略了根植于宗法社会,为王权服务的现实层面。问题是,在实际的历史践履过程中,这两个层面在理论上是紧密联结,相互依托的,而在实践上却是彼此脱节,通塞殊途的。如果说,两千余年间,儒家的政治学说只能在实践中跛足前行,那些较为美观的花朵从未真实结果,那么,我们凭什么认为,在土壤、气候发生了根本性变化的今天,这棵老树反倒能够新芽苗生,果实累累呢?

此困惑之二。

就"如何做人"这后一方面来说,也存在着理想与现实两个层面脱节的问题。儒学的人格理想是培养"君子",进一步则为"圣贤"。而何谓"君子""圣贤",自孔孟以下,其说不一。玄远一些的，有"仁者胸次，鸢飞鱼跃"之类说法；雄壮一些的，则是"修身齐家治国平天下"。而这都是在理想层面，有"务虚"之嫌。现实一些的，则是"忠孝节义"，"入则孝，出则悌"之类的行为标准。当然，除去这些，还有很多更具体的说法，如"人不知而不愠，不亦君子乎"，"君子食无求饱"，"君子有九思"等，但这些都只是标准中的"目"，前述之"仁""修齐治平"与"忠孝节义"等才是"纲"。而再进一层来看，无论"仁者胸次"多么超妙，"修齐治平"多么高尚，一旦回到具体的做人的问题上，任何一个儒者都是毫不犹豫地站在"忠孝"的旗帜下，而当"忠孝不能两全"时，又只能是"忠"字当头了。可以说，一切有关人格模式的探究论辩，只要落在现实动作的层面，"忠孝"都是不言自明的前提，是无可辩驳的现实之"纲"。

回顾两千五百年的历史，我们就会发现，没有一个儒者在现实中实现了"修齐治平"的人格理想——无怪乎朱熹要把前贤一笔抹倒。原因何在呢？我们不妨看几个例子。

韩愈以继承了儒学道统自命，于是谏迎佛骨奋不顾身，"欲为圣明除弊政，敢将衰朽惜残年"。这当然合乎儒家人格理想。但是，宪宗却并不体谅他的苦心，先是下狱论死，后虽赦出却远谪瘴疠之地。韩愈不仅要"谢主隆恩"，还要违心地"检讨"一番。至于气节风骨之类的君子标准，只好放置一边了。

白居易初登仕途，也是意气风发，激浊扬清，不遗余力，

"岂图志未就而悔已生，言未闻而谤已成"，终于被贬江州。于是，他也顺水推舟地调整了自己的人生模式，提出："大丈夫所守者道，所待者时。时之来也，为云龙，为风鹏，勃然突然，陈力以出；时之不来也，为雾豹，为冥鸿，寂兮寥兮，奉身而退。进退出处，何往而不自得哉？"（《与元九书》）显然，这种"何往而不自得"的圆滑态度，虽有"守道待时"的借口，却仍悖于儒家的人格理想。这一转折后，白居易也就再无一首《卖炭翁》了。

明嘉靖年间，有"大礼议"事件，百余名文官为维护儒家的礼法制度，直言极谏，甘冒入狱、贬谪乃至廷杖的惩罚。无论其主张如何，这种气节风骨都是合乎儒家人格标准的。但是，君主绝不欣赏，廷杖而死的就有十七人。于是，衣冠丧气，儒士心塞，朝廷风气自然转化为阿附顺承了。

这只是随手拈出的几例，但已足可说明一个道理：儒家人格模式中包含着自我否定的内在矛盾。现实的以"忠孝"为纲的人格模式，意味着对专制权力的屈从，这与道义责任、品格理想必然产生冲突。事实证明，在大多数情况下，冲突往往导致了后者的萎缩。类似白居易那样，由理想儒家人格转向现实的"准"儒家人格者，在封建时代的中后期，可说是"比比皆是"了。

至于说"修齐治平"理想人格的无法实现，李卓吾有一段精彩的分析："成大功者必不顾后患，故功无不成。商君之于秦，吴起之于楚是矣。而儒者皆欲之。不知天下之大功，果可以顾后患之心成之乎否也？吾不得而知也。顾后患者必不肯成天下之大功，庄周之徒是已。是以宁为曳尾之龟，而不肯受千金之币；宁为濠上之乐，而不肯任楚国之忧。而儒者皆欲之。于是乎又有居朝廷则忧其民，处江湖则忧其君之论。不知天下果有两头马乎否也？吾又不得而知也。……此无他，名教累之也。以故瞻前虑后，左顾右盼，自己既无一定之学术，他日又安有必成之事功耶？又况依仿陈言，规迹往事，不敢出半步者哉！"（《焚书·读史》）他认为儒者不能成就大功业的原因在于自身，大要有四个方面：一是"顾后患"。何谓"后患"，说穿了就是对君权的畏惧，"天威难测"。二是"两头马"，即前述那种以白居易为代表的"何往而不自得"的人格模式。三是"无学术"，儒学中缺少实际办事的学问。四是规行矩步，道德教条太多。而总括为一条，则是"名教累之也"。

这真是一针见血之论。

尽管两千余年的封建社会中"修齐治平"的人格理想从未真正实现，但仍有儒者以之作为人生之梦。于是，就在封建社会垂暮之时，终于在文学作品中出现了"修齐治平"功德圆满的形象——《野叟曝言》中的文素臣。作者用百万言的长篇编织了儒生修身而为醇儒；齐家而至于母慈子孝，妻妾同心事夫；治国而扶持颠危，位至相父，平天下而四夷宾服，岁岁来朝。完全是图解儒家人格理想，用文学形象来疏解这千年困窘的情结。然而，每当作者稍为顾及现实生活的情理，稍为流露出内心的真实欲求时，他所虚构的理想人格就出现了根本的裂罅。如欲治国便不可避免地与君权冲突，结果便流露出仇视君父的情绪；欲作醇儒就须坐怀不乱，非礼勿视，于是就形成了病态的扭曲的性行为；等等。这本书虽为小说家言，但却相当深刻地暴露了儒家人格理想的先天痼疾。

回到本文篇首的话题，儒家陶冶人格的很多具体命题都令人神往，如"君子不忧不惧"，"威武不能屈，富贵不能淫，贫贱不能移"，"民胞物与"等，也都是应赞美提倡的。但如上所述，其人格模式之"纲"——"修齐治平"迂阔不着边际，以屈从专制为"忠"、以顺从为"孝"的封建"忠孝"观大悖于现代社会趋向，这些既已被历史舍弃，自无重新拾回之理。那么，"纲"既不存，"目"又如何保持一完整体系？若须重组重建，何必名之为"儒学"？

此困惑之三也。

囿于篇幅，困惑之处不能尽数详陈，再择大端罗列二三，展开论述，且俟之他日。

所谓"儒学"，首先当于"六经"（或"五经"）中求之。而"六经"的真正思想、学术价值如何，古人已多有质疑。若剥掉人为的"经"的外衣，其中多数恐远不能与《老》《庄》《孙》《韩》《管》《商》以及《肇论》《大乘起信论》相比吧？既然如此，特别尊崇有何必要？

检点历史，儒家发挥的作用主要是维持封建宗法社会的秩序，这与其偏于保守的价值取向是一致的。而今日之中国，改

291

革与发展是第一课题。因此，说儒家的某些命题有辅助社会健康发展的作用则可，以之为振兴民族文化的主要基础，似与大潮流不够协调。

既然将儒学作为思想体系而"复兴"，有诸多碍难之处，那么来个"唯唯是从"如何？无论儒、法、道、墨、释、兵、名，凡有生机的命题，一概在"民族优秀传统文化"的旗号下，具体地个案地萃取、阐释、激活，吸收为现代中华文化的养分。不另张旗帜，不预构模式，视其于现实生活是否有益，于社会发展是否有利，在实践中是否可能而定取舍。让文化与经济在良性互动中自然发展而成。当然，这也只能是一种设想，牵涉的问题很多，须另作专文阐述。

双眼须经秋水洗

➢ 陈先生，日前读到您在人民文学出版社出版的《漫说水浒》，后记中有这样一段话："清人袁枚有诗：'双眼曾经秋水洗，一生不受古人欺。'古人欺，不可受；今人欺，同样不可受。所以本书的重点在于把古今的有关欺人之谈戳破，还读者诸君《水浒》的真相原形。"记得您在课堂上也引过袁枚的这两句诗，看来是有些偏爱吧。

● 也可以这样说吧。读书、搞研究，怀疑的态度和批判的精神都是不可须臾离之的。古人讲"尽信书不如无书"，说的就是这个道理。当然，对于青年朋友来说，读书主要还是积累知识，学习道理，在知之不多的情况下，并不是简单地怀疑一切就好。但是，即使如此，我以为把读书当作与作者对话，甚至讨论，而不是顶礼膜拜，恭聆圣训，仍然是应该大力提倡的。

至于学术研究，由于我们总是在前人工作的基础上进行新的探索，同时很多问题也是在一定的学术潮流中呈现的，如果我们没有一双属于自己的慧眼，那么不是翻炒冷饭就是沦于随波逐流。

➤ 您的这种主张是不是和前一段被媒体热炒的"经典批判"有些相似呢？

● 这个问题不是一两句话可以说清楚的，因为所谓"经典批判"的情况比较复杂，其中既有合理的严肃的学术探讨，也有不讲学术规则哗众取宠的表演。如一篇颠覆《西厢记》的文章写道："无疑，张崔最后完成了从一朝拥有到天长地久的跨越，但资本来到世间，从头到尾都充满了血和肮脏的东西，张生的待月西厢其实就是羊吃人的圈地运动。在歌声与琴声中，张生完成了性爱资本的原始积累，最终的'成了眷属'只是张生和老夫人携手的一场洗钱进行曲。因此，无论什么样的结局，都无法洗去笼罩张生全身的关于爱情的原罪。"这样的话语如果放到周星驰的"大话"系列中也许是更为合适的，自然和我们讨论的不是同一层面的问题。

➤ 那么，您能不能举出几个具体的例子来说明您的主张？

● 好吧。例如我对《西游记》中宗教问题的探讨。《西游记》是一部宗教题材的小说，在传统文化的语境中，评论者纷纷挖掘其寓意奥旨，而到了 20 世纪，中国的文学观念包括小说观念受到西方文学理论的全面洗礼，对该书的阐释发生了根本的变化。自胡适提出"《西游记》被这三四百年来的无数道士和尚秀才弄坏了……他并没有什么微妙的意思……我们也不用深求"，鲁迅提出"此书则实出于游戏，亦非语道……尤未学佛"，过半个世纪便成定谳。特别是当这种意见进入了统编的文科教材后，便似乎具有了不证自明的地位。应该说，胡适、鲁迅的研究比起明清时代的看法，是一大飞跃，也是学术的一个本质性的跃升。但是，这种看法是不是真的就是天经地义呢？如果我们不是仅仅顶礼在两位前贤脚下，而是和他们平等地走进文本，就会发现他们成功地打破了传统语境的拘执，可是用力过猛之下，也不免有陷入另一种偏执的嫌疑。

首先，《西游记》中关于佛教的内容固然有不少粗疏之处，但并非完全是率意为之。如牛魔王的形象，就与佛教中广泛使用的白牛、牦牛等象征性符号系统密切相关；"心猿"的称谓，也包含着佛教义理的成分，甚至在玄奘的著作中都可以找到这一称谓与取经事业的关联；等等。而这些内容无论是在文本阐释、情节分析，还是版本研究等方面，都有其独特的意义。其次，《西游记》的作者当然不是丘处机，但是文本中的大量道教方面的话语，甚至抄录了不少全真道士的诗词作品，说明成书过程与道教，尤其是全真教关系十分密切。另外，在整个明代，民间宗教的宝卷中多有西游记的内容，与现在通行的西游记在内容上颇有出入，反而与全真教的一些教义瓜葛相连。如此等等，说明《西游记》的成书过程与元明两代的宗教活动有相当密切的关系，这对于了解作品的创作、传播，以及全面阐释文本，是不容忽视的方面，也打开了更广阔的视野——因此，对胡、鲁两位前贤的再修正就是学术发展的必然。

不过问题还有另一方面，在打破权威话语一统局面的同时，又出现了另一种相反的偏执。有的研究者全面回到清人的观点和方法，把《西游记》附会为气功的指南读物。而媒体恰恰对此类说法兴趣十足，一时间追捧备至，似乎和"经典批判"的潮流形成呼应之势。对此，更需要独立思考和审慎对待。《吕氏春秋》有辨别"疑似"的寓言，用在这种情况下十分合适。

➢ 海德格尔主张"回到事实本身"。我理解，您的意思也是如此。无论是什么人物的意见，无论是多少人的意见，对于研究者来说，都只是工作的背景。可能是非常重要的背景，但毕竟是背景，而不是带有决定意义的前提。只有事实本身才具有终极的决定权。

● 不完全是这样。古代文学作为一个学科来说，它的基本方法应是实证的，所谓无献不征。从这个意义上讲，我们对前人的见解有了怀疑，对时下的潮流感到困惑，"回到事实本身"确是解决问题的一条正途。也正是基于这样的判断，长时间以来有一种看法也几乎是享有"不证自明"的待遇，就是"还原历史"，并以此作为本学科的学术研究的终极目标和最高法则。但是，这条行当里的"最高法则"其实也是有其局限的。

"还原历史"，这一直是文学史研究领域中，很多严肃负责的学者们的理想，也是他们工作的圭臬。20世纪五六十年代，他们在内心深处恪守此道，抗拒着庸俗社会学与简单两分法；八九十年代，他们高自标识此道，蔑视半瓶子醋式的"新方法潮流"。在这个意义上，"还原"之说维系学脉而有益学风，厥功甚伟。

然而如果我们超越情感上的尊敬，纯然从学理上加以审视的话，恐怕疑点还是无法排除的。历史真的有可能"还原"吗？这在史学领域，其实早已不成为问题。历史之不可能还原，至少在三个层面上都有无可辩驳的理由。首先，生活是"全息"的，有着无穷多的侧面与无穷多的联系。人类的记录手段，即使在数码时代，也只能略存其梗概而已，何况是在数百数千年前。王安石称《春秋》是"断烂朝报"，其实相对于生活的丰富而言，我们所能看到的古代史料也都不过是"断烂朝报"的水平。历史性研究据此进行，当然是别无选择的事情；但如果以为据此就可以将历史复原，就未免太高估了自己的能力以及这些材料的"含金量"。实际上，当我们考索、辩证诸如李白究竟几入长安，曹雪芹祖籍丰润抑或辽阳的时候，只不过是对无数历史链条、无数历史环节中的个别环节做彼是此非的分析判断，而更大量的环节早已随时光的逝波而"白鸥没浩荡"了。分清具体环节上的彼此是非，自属研究者分内之事，意义、价值亦不待言；但一个或几个环节远非全部环节，遑论全部链条，这也是研究者应该心知肚明的。其次，我们据以"还原"的史料，都是相对的"客观"、有限的"真实"。一部二十五史，且不论"隐恶扬善""为尊者讳""成王败寇"的成分有多少，即使我们相信都是史鱼、董狐在秉笔，相对性、有限性也仍然是无法摆脱的。

何况文学史与生俱来就具有两种特质——审美的与历史的。前者源于文学史，毕竟还有其不同于一般历史的特殊性，其主要对象不是标本、化石，而是兼具"过去性"与"现存性"的文学作品。其"现存"的形态必然对于当初的"原生态"有保留也有变化——所谓"历史还原"，应是在这个意义上、这个前提下对其演变过程中不同环节的选择性切入，是一种相对的、有限的"还原"，而非对于康德式的虚悬于彼岸的"唯一真实"的终极性追求。而我们对于"现存"文学作品的接受也是一种主体色彩强烈的活动，我们今天的文学观念、价值标准和接受方式都会不可避免地介入。也就是说，古代文学研究的审美性决定了不可避免的也是很有意义的主体色彩。而其历史性的实现，由于前述的事实上的局限，也只能在"主体间性"的意义上进行。所以，"还原历史"的提法虽有其存在的理由，却不应该成为轻视主体、无视"主体间性"的现实、盲目推崇纯客观的借口。

➢ 我觉得，像历史书写的主体介入、社会科学研究的主体间性等，在其他一些领域早已是 ABC 的问题了，可是在古代文学的领域里，有些人还以为是天方夜谭。这真的是越传统的学科，传统就越是表现出巨大的力量。

● 确实如此。所以，以秋水洗双眼，不仅仅是在一些个案问题上——那些问题有具体的"事实"作标准，只要有所发明，就比较容易作出判断，更要养成独立思考、善于追问的习惯，以"主人"的姿态进入学术的殿堂。

（合作者：冯大建）

学术：公私之间的天空

读英德兄《论古典文学研究的"私人化"倾向》一文（见《文学评论》2000 年第 4 期），颇有空谷足音之感。在一次会议上，我们曾谈及这个问题，认为"另一制约我们学科发展的不良倾向似还没有引起充分的注意，这就是学术的过分的个人化。其主要表现为看似相反的两种治学态度。其一为人文关怀淡漠……其二为媚俗轻躁，著书都为稻粱谋……二者表现截然相反，境界亦不可同日而语，但在治学完全以个人为中心的态度，以及形成这种态度的背景上，却差相仿佛"。然申之未详，论之未彻。今得郭文，足畅怀抱，获益良多。

虽然，正如《倾向》一文所指出的，古典文学研究的私人化倾向是一个相当复杂的问题，既与时代的思想文化背景以及社会生活背景有关，也与民族文化传统相连，故此，理或非一端。今愿就郭文所论，稍申管见，一则摇旗呐喊，凑个热闹，二则也可算是摆脱"独语"状态，体现"学术者公器"的一次实践。

一

欲认识、评判古典文学研究中的"私人化"问题，必须联系近十余年来的思想文化走向，必须联系更加广阔的社会生活背景。就此而言，有两点特别应予注意：一是知识群体的"边缘化"，一是价值观与话语系统的"多元化"。

先说"边缘化"。新时期以来，伴随着国家意识形态的内部调整，知识群体的"精英"意识与"担当"意识一度空前高涨。在整个20世纪80年代，中间虽几经起伏，但启蒙的激情与干预的热望始终弥漫在这个群体之中。而由此相伴生的，是其中相当一部分人的"中心化"心态。在某些时间段落里，知识群体似乎左右了社会舆论，而舆论也似乎认为他们领导了社会潮流，所以不少朋友"揽辔有澄清天下之意"。但是，在社会生活的更深层面，其实仍是"皮毛关系"理论在起实际的支配的作用。今天，反观当日知识群体的社会角色与社会地位，"中心"在很大程度上只是一种心相而已。

随着形势的进一步发展，真实的权力格局像浪潮退去、泡沫消散后的岸礁一样呈露出来，朋友们蓦然发觉自己的立足处其实始终在靠近边缘的地带。于是，有人清醒而自我调适，有人失望而自我放逐。"荒江野老"之说遂不胫而走。这一群体性的心态调整方将进行，孰料新的更加强烈的震荡不期而至，这就是市场经济与深具市场品格的大众文化的急剧膨胀。虽然在80年代，相当多的人文知识分子曾为之呼喊，曾为之翘首引领，但当它真的来了时，却发现这个禁锢在瓶子里的怪物对于自己实际是一场噩梦。市场运作的趋利铁律与大众文化的浅俗保守，十分适宜于厌倦了意识形态神话与乌托邦故事的社会土壤，一下子便呈铺天盖地之势，而将人文知识群体彻底挤到了边缘。"教授卖馅饼"之类的闹剧虽不乏炒作的成分，但确实反映出经济生活变迁对知识群体社会角色的影响，以及所造成的这一群体价值取向的巨大变化。

在这两种力量的夹击之下，知识群体的角色挫折感空前强烈，于是重新进行地位判定与角色设计就是理所当然的事情了。大部分人文和社会科学领域的知识分子放弃了80年代启蒙知识分子的方式，通过讨论知识规范问题和从事更为专业化的学术研究，明显地转向了职业化的知识运作方式，走向世俗，抨击崇高，调整心态，张扬个人化，逃避历史和现实，使得知识分子告别了80年代的理想化。其实就是放弃以至逃避参与社会事务和干预历史进程的责任。这是一种选择，也是一种无奈；而无论你把它看作选择还是无奈，其原因都是客观的"边缘化"的现实。

再说"多元化"。在世界范围内，无论政治领域还是文化领域，"多元"都既是对抗"霸权"的一种策略，又是对现状的特定角度的描述。把范围缩小到国内，所谓"多元化"也同样表现为两种属性：一种是"边缘"群体的言说策略，一种是对思想文化领域现状的描述。这样看来，近十年"多元化"之说不绝于耳，一方面与处于"边缘化"地位的知识群体有关，另一方面则反映出思想文化变迁的新局。80年代以来，在"解放思想，改革开放"的旗号下，人们"求新声于异域"，西方古典的、现代的、后现代的东西一股脑儿涌入。虽当时颇显芜杂、浅薄，但经过一番淘汰、沉积以后，各种知识体系和思想观念已经不同程度地融渗到了中国人（主要是知识群体）的思想/话语之中。不管我们怎样评价这一趋势，都不能不承认它对知识群体的分化所起到的触媒作用，都不能不正视它所引发的文化共识、价值共约、释义通则等社会观念整合机制的危机。

群体的分化，共识共约的裂解，都给个体带来了较大的自由空间，同时也伴生了"相忘江湖"式的冷漠。而话语体系的多元，则使个人自说自话成为可能。

指出上述两点，是想说明：第一，我们所讨论的学术

301

"私人化"不是纯粹主观选择的结果，其间实有不可逃避的"运数"在焉。第二，所以，对这一倾向也不宜作简单的道义批评，而应进行历史的与逻辑的分析。

二

20世纪90年代初，正是基于对此"运数"的清醒认识，一些学者自觉调整了自己的研究方向与方式。陈平原的言论最有代表性："我们已经习惯于批评学者脱离实际闭门读书，可我还是认定这一百年中国学术发展的最大障碍是没有人愿意并且能够'脱离实际''闭门读书'。这一点中外学者的命运不大一样。在已经充分专业化的西方社会，知识分子追求学术的文化批判功能；而在中国，肯定专业化趋势，严格区分政治与学术，才有可能摆脱'借学术谈政治'的困境。""我赞成有一批学者'不问政治'，埋头从事自己感兴趣的专业研究，其学术成果才可能支撑起整个相对贫弱的思想文化界。学者以治学为第一天职，可以介入也可以不介入现实政治论争。应该提倡这么一种观念：允许并尊重那些钻进象牙塔的纯粹书生的选择。"而王元化先生倡导并身体力行的学术史研究，则是调整之后的践履的典型。

这些学者的成果是有目共睹的，而在他们看似淡然的背后所蕴含的深厚人文情怀，也是不难体会到的。但是，"支撑起"的初衷却未必完全得到了实现。其原因有二：其一，在日益边缘化的过程中，学术队伍的整体弱化；其二，所倡导的新的学风在继武者那里的"橘化为枳"。可以说，同是"脱离实际""纯粹书生"的旗号，在"边缘化""市场化"的阵阵罡风吹卷之下，"高者挂罥长林梢，低者漂转沉塘坳"。"高者"，我们留待后面再说；而那"低者"所陷入的，便是过度私人化的泥沼。

实际上，过度私人化的问题，在学术以至文化的各领域中都有表现。即以文学圈子来说，创作中的纯自娱倾向，批评中的找卖点倾向等，"私"的印记都相当鲜明。而在古典文学的研究领域，郭文已列举出不少，颇有先得我心者。这里再赘述几句，以示"化枳"之说并非危言耸听。

一曰只讲材料，拒斥思想。某些论著完全堆累材料，引枝牵蔓，不知伊于胡底，美其名曰"文史相证"，而对于古人的境界、今人的感受一概没有兴趣。在古典文学的研究中，出现了只讲"古典"，不讲"文学"，尤其不讲文学的人间情怀的怪现状。

二曰闭门造车，不问轨辙。若以数量论，90年代的古典文学论著相当可观；而若以每个具体领域／问题的进展衡量，则与数量颇不成比例。"重复建设""学术泡沫"之多，令人咋舌。即以金圣叹研究为例，十年间的论文百余篇，而八成以上是重复他人。其中固有不少拼扯、组装之作，但也有相当一部分是闭门造车所致。对于这些作者（称"写者"可能更贴切）来说，写出来"发"出来便是一切，学术前沿、学科发展与己全不相干。

三曰无是无非，独善其身。与 80 年代相比，古典文学研究中的商榷、驳诘明显减少。大家自扫门前雪，"公海"中的风浪一概与己无关。不但"爱吾师更爱真理"的风范不再，就是学术会议上的正常讨论，也常常是自说自话。前两年，在古典小说领域，先后出现明显背离学术规范，甚至不讲常识的几种奇谈怪论，被媒体炒得沸沸扬扬，甚至轰动到名牌大学的讲坛。我们的专家大多以沉默表达轻蔑与清高，而任由弟子们享用歪理邪说。

四曰自视禁脔，排斥异己。某些领域，甚至某些问题，被我们的研究者视为自家园囿，凡涉足而不附己者，轻则侧目，重则大张挞伐，结果门户林立，边界森严，而在外人看来，却大有蛮触风味。如某显学，在作者祖籍、版本优劣、批点真伪、续作价值等问题上，都有"画线"的问题。新老"权威"之间动辄要"控上法庭"，而一旦面对不识私界的闯入者时，又枪口对外，以远远超出学术范围的手段排斥之。

以上种种，皆因缺少视学术为天下之公器的胸襟，又为一时社会风气所挟，杂以利益之考虑。郭兄文中所列，多从研究对象、研究路数着眼，这里则侧重于学风与学术态度，意在说明过度私人化是导致学界整体品格下降的重要原因。

三

不过，"私人化"问题还有另一方面，这就是前面所说的"高者""低者"之分别。应该承认，陈平原当年陈述的学术态度，今天仍以智者的冷静足备一家之言。而回顾 90 年代的学术发展，在规范化、客观化，以及深入求实方面的成绩，不能不说与这份冷静有着直接的关系。

正是有鉴于此，本文说到"私人化"时，总要谨慎地冠以"过度"一词。这绝非持两端计，而是因为学术研究其实不能笼统地排除"私人"，甚至某种程度的"私人化"。所以，在如何评价一些带有私人色彩的个体化研究时，我和郭文的看法稍有不同。

比如"小题大做"问题。90 年代古典文学研究界盛行"小题大做"之风，固然缺乏直接干预社会的力量，选题也不足以展现研究者的人文关怀，但作为学术研究，作为对 80 年代近于空疏的学风的反拨，自有其相对合理性。80 年代是个文化人雄心万丈的时代，当时，如果你听到一个本科生宣称他正在建立自己宏大的理论体系，也并不会十分奇怪——盖风会所趋也。这种浪漫的学术激情固然有助于解放思想、冲决网罗，但却不利于学术的正常积累和持续发展，连带着，其实也不利于思想的深化。因此 90 年代的学术研究由 80 年代的"宏大叙事"向"小题大做"转型，固然有时代思潮的原因，亦有其学理层面的必然性。

郭文批评"小题大做"，还针对一种特定现象，就是有些研究者将沉寂了数百年的小作家、小作品拿出来研究，而"那些被历史遗忘的作家、作品……在历史价值的筛子中，它们被无情地筛掉了，这正是一种历史的公正"。这一点恐怕要具体问题具体分析，因为"历史淘汰"这一前提恰恰是有些可疑的。人们首先会问，什么是"历史"？我们直接面对的是客观的历史事件，还是后人书写的历史文本？如果是后者，我们就要警惕与这书写必然伴生的话语权力问题：一些作家、作品在书写中消失，有时是话语暴力的产物。作为价值观不同的后人、现代人，未必会无条件地认同这种书写。因此所谓"研究'历史淘汰'的作家作品"问题，我们认为应该区分以下三种情况：一是对话语暴力的质疑、抗争、颠覆，不论这种话语暴力来自当年大一统王权的强势话语，还是来自特定历史时期一元独大的研究方法、理论框架；二是一些作品本身的价值孤立地看确实有限，但钩沉这些被时光淹没的作家或作品，对填充某些历史环节，开拓学术领域，亦有积极作用，如鲁迅的《古小说钩沉》，如对才子佳人小说、明代中篇文言小说、清代女性弹词的重新关注等；再有第三种情况就是，某些研究者出于不纯正的学术动机，对一些价值确实不大的东西，如某些艺术、思想价值均极低劣的小说，加上夸大其词的前言后记反复出版印行，进行学术炒作，在牟利的同时靠夸大其词来放大自己学术研究的意义，这无疑是研究私利化的表现。所以，对"发掘""钩沉"现象，似以分别情况论之为妥。

再如郭文批评的"考据至上""制谱成风"现象。这是否尽属消极的"私人化"，也有分说的必要。当然，近年的学界确如郭文指出的，更多的是仅视考据、制谱为真学问，为研究的终极目的，从而缺少宏阔的文化视野，缺少应有的人文关怀。但他们的研究成果是否就一定不能转为思想的资源、社会批判的资源，就一定具有私人化的品性？只怕未必。一位研究者仅仅出于私人化趣味爬罗剔抉排比材料，编订出某历史人物年谱，被另一位深具人文情怀的学者用以考察这位历史人物的思想的变迁，进而反躬自照、思考现实，这在学术史、文化史也不是很少见的事。冷静客观的材料考证是进行人文批判的坚实基础，否则，即使空有一腔人文关怀的热情，所论文采飞扬、激情澎湃，然皆凌空蹈虚，则不免为方家所笑（比如——扯得远一点，文化界热闹了好几年的学术随笔，余秋雨屡出硬伤，而另一好以此骂世炫学的作家，一篇小文竟出十余材料、常识错误，这样自然大悖文化批判之初衷）。

讲这些并不是要为"考据至上""制谱成风"辩护，在基本立场上，我们完全赞同郭文的看法，即一个优秀的人文学者应该有人文关怀。具体到古典文学研究，它的性质从来包含两个方面：一面是对逝去的世界的研究，带一点知识考古的意味，但另一面，面对文学的、文化的对象，研究者不能没有人文关怀，甚至人文激情。"文学"，这一研究对象的基本属性决定了这一点，没有深沉的关怀怎能和古人对话，又怎能向今人阐说？因此，即使是以冷静的态度进行材料的研究，也以具有文化的担当精神为上乘。只是考虑到情形纷杂，故稍呈异议以示方便法门。

四

郭文力图匡矫时弊，提出的问题是每个关心古典文学学科、关爱民族传统文化的朋友都不应漠视的。我们确确实实应该提倡学者的人文情怀，特别是在人文学科内部。从整体而言，我们决不能选择对社会"心远地自偏"的态度。无论在道义上，还是在策略上，我们都不能做此选择。应该承认，在此社会转型时期，在世界性的消费文化大潮中，中国的人文知识群体处于相当不利的地位。我们不能自欺欺人，扮演堂吉诃德的角色。但是我们也不能无所作为，更不能"破罐破摔"。如果我们以冷漠报复社会，社会必将以十倍的冷漠来回应我们所钟爱的学科。相信这是谁都不愿看到的情景。

但是问题还有另一面。学术，特别像古典文学这样的学科，天生就有一定的"个体"品性。无论研究者的工作方式，还是对对象的体味、感悟，都具有相当强烈的个人色彩。甚至当我们说"人文情怀"时，所提倡的与古人心灵沟通，其实也是研究者个体的伸张。所以在批评某种消极的"私人化"学术态度时，切忌笼而统之，以免把孩子与脏水一起泼掉。这一点，在当下尤须强调。因为多年来，一统、一元的话语模式至今余威尚在，相当多的研究者终身笼罩在"部颁教科书"的阴影里，循着极为相似的思路，讲着同一风格的语言。在汗牛充栋的"成果"中，欲觅几个新鲜、生动的面孔，往往须"众里寻他千百度"。更何况，"虽千万人吾往矣"的特立独行品格，更是知识群体中的稀缺元素。

当我们说"学术乃天下之公器"时，着眼的主要是其"求真"的品性——无此品性，学术便无存在的价值；当我们追求个性化的学术时，着眼的主要是其"爱智"的品性——无此品性，学术便无鲜活的魅力。学术，尤其是人文学科的学术，实在是具有"公私兼顾"的双重品性。在双重品性之间保持一定的张力，是保证其健康发展的关键。从某种意义上讲，张力之所在，即为活力之所在。反之，则难免于孤阴不育、独阳不蕃的枯寂。

之所以强作解人，附郭文之骥尾，实出于一种渴望，渴望看到建构于"公""私"之间的那片湛蓝而辽远的学术天空。

（合作者：孙勇进）

诸子研究的理念与方法之思

子学的时代，被称为中国学术史上唯一一个"纯为自创"（吕思勉《先秦学术概论》）的时代。先秦诸子，作为中国文化轴心期（或称"元典时代"）的第一批原创作者，思想之宏富彪炳百代，影响之深远河润千里。每次重读诸子，都会让我们对这思想史上的英雄时代倍感惊异与神往，而"旧国旧都，望之畅然，虽使丘陵草木之缗，入之者十九，犹之畅然"

（《庄子·则阳》）的亲切之感亦油然而生。如果这可以算作精神的返乡，那它正是思想创造与文化重建的前提，是高飏远举前不得不有的沉潜与凝聚。

然而，这种回返却并非坦途。在经历了种种的颠覆和解构之后，在一个对历史、意义的不确定性甚至不可还原性耳熟能详的时代，这种回返还有几成的把握？况且学科的区划既已壁垒森严，学术的规范日渐周密完备，目录、版本、校勘、辨伪、辑佚、文字、音韵、训诂早已成为古典研究不可或缺的工具，激情、悬想和直觉则被谨慎地排除在证据的采集、梳理和考辨，逻辑的归纳、比较和推导之外，这种回返还能穿过重重的专业门槛而免于强弩之末的命运吗？老实说，这的确是个令人困惑的问题，既由于复杂的技术性困难，更因为理念上的进退失据。有关诸子的里籍、族属和身世，自来文献无多，飘忽茫昧，近代以来虽有考古材料的陆续发现，进展却依然有限。期待之中的确证可能永远无法获得，诸子的真情实相也许早已消逝于岁月的风剥雨蚀之中，成了一个永远无法解开的谜团。稍微乐观一些，即便有马王堆帛书、郭店楚简和上博竹简那种地下材料的不断发现，不同版本之间的比较和甄别仍然殊非易事。王叔岷先生说："（古书的）本来面目，包括作者（是否）、书名（异同）、版本（早晚）、篇目（先后）、篇数（多少）、篇名（原貌）、字句（变异）、章节（窜乱）、篇第（分合）、散佚（包括残缺）、真伪等。古书的本来面目能否完全恢复，恐怕很难。据我几十年的经验，几乎不可能。"（《我与斠雠学》）既然如此，所谓"精神的返乡"是否只是一个可望而不可即的目标呢？

在西方，校勘学也是从《圣经》等古代典籍的研究中派生出来的，其所侧重者，同样是文本的搜集和校订，文本的作者、作年、真伪、改窜和增删等问题的解决。正是在这种以还原文本本来面目和真正含义为旨归的活动中，理解和解释的重要性与复杂性日益凸显，并占据了思想界的显要位置，而"为确定解释的普遍有效性提供一个历史确定性可以依据的理论基础，以避免浪漫任意的冲动和怀疑的主观性"（伽达默尔《解释学的形成》）无疑是其基本初衷。注释学（exegesis）与文献学（philology）等经典诠释手段因此被纳入一种关于理解的一般性学科之中。这种作为人文科学方法论的经典解释学迄今仍然不乏信从者，其根本旨趣在于消除误解，准确把握蕴含于文本之中的作者原意。但在另一方面，一种被称为"解释学循环"的现象首先被德国哲学家施莱尔马赫所揭橥，复经狄尔泰、海德格尔、伽达默尔等哲学家的不断阐发，成为具有普适意义的解释学理论的核心命题之一。它由一系列不断扩展的循环关系，如字词与语句之间、文本与文类之间、文本与作者之间等所构成，揭示出文本局部与整体之间、有限的个体存在与其历史认识之间、理解与经验之间互相依赖且互为因果的关系及其理论困境。不过有趣的是，这个循环并没有被理解成一个封闭的圆圈，而是一种开放的对话关系。因为人文科学的独特之处在于，其研究对象不是无意识的物质客体，而是历史的、具体的、有意识的个人及其全部活动：言语、体征和行为——狄尔泰称之为"表达式"（expressions）。而理解作为人类存在的本体特征，就是把握包含在各种表达式中的精神内涵的活动。而在理解的对话关系中，不同的意向、兴趣、视点和经验都具有独立的价值和意义，它们彼此互补，历史地展开，构成了神入（empathy）地理解的前提条件，以及理解的无限可能和历史延续。

对于诸子研究而言，上述的理论演进不乏启发意义。首先，诸子之文本当为诸子之生命的表达式，而欲理解此表达式，自须还原其本来面目。在此，目录、版本、校勘、辨伪、辑佚乃至考古材料的借鉴皆为不可或缺之工具。其次，在有效确定诸子文本之本来面目的基础上，力求其真实含义的正确解读。在此，文字、音韵、训诂的手段固然必不可少，而相关的语言、历史、社会、文化乃至心理方面的知识亦多多益善。最后，但同样重要的是，上述所言实皆想当然尔的理想状态，所谓还原本来面目和真实含义的正确解读，大抵只是可以趋近而实难臻至的终极目标，因此，有必要对理解的历史性和差异性保持开放的态度，或更确切地说，是保持一种结构性的开放态度。

文本作为语言的织物，自有其特殊的结构层次。其底层为字词之形、音、义，其中层为语句或句群（段落、篇章直至整个文本）所构成之大小不一的语义单位，其上层则为由前述语义单位的逐级整合继而投射出来的意象、概念、命题、事件、情绪、思想，等等。显而易见的是，沿此层级自下而上，牵涉的因素越来越多，涵摄的范围越来越广，构成的关系也越来越复杂。根据语义学和解释学的规则，一方面，意义取决于语境，局部与整体又互为依托，于是由字到句、由句到篇、由文本到作者、由作者到时代之社会与文化，语境的边界渐次扩展，而终至于无法确定；另一方面，由语言到思想、由思想到心态、由心态到意识、由意识而至于无意识，内在的世界亦渐趋幽深，而终至于难以测度。因之越向底层，问题越发具体，故较易诉诸实证；而越向上层，问题越发抽象，思辨的成分亦愈见浓厚。因此所谓"结构性的开放态度"，乃是于底层处力求实证，以确保对象之稳定、根基之牢固；于上层处，则尽量吸纳多重视点和多种方法，以保证各种潜在的解释性因素能够被充分地觉察和把握，使理解渐趋深广，并在局部与整体的循环中不断得到校正。

例言之，关于《老子》一书，迄今为止已有通行本、马王堆帛书本、郭店楚简本等不同版本，其于字句、篇章等方面皆有巨细不等的差别。刘笑敢先生指出，《老子》版本演化中最重要的歧变乃是改善性歧变，而编校者不断修改《老子》的理由和目标，大体有二：一是恢复古本旧貌，二是追求通顺合理。多数编校者都以为，这两个目标应该是一致的，即古本理当文通义顺，而文通义顺者则理当合乎古本旧貌。而据刘先生所见，这两个目标事实上未必一致，因为古本往往并不通顺合理，而后人加工的通顺合理的版本又往往与古本原貌相去甚远。例如，编校者以为《老子》以四字句为主，于是以此为标准不断加工底本，结果今本中四字句比帛书本和竹简本多出很多；编校者以为不同章节中的文句本应完全一致，不一致者即为错误，于是以此为原则不断加工底本，结果今本各章中出现很多机械重复的字句，与帛书本和竹简本并不相同。如果我们相信帛书本和竹简本更接近《老子》原貌，那么后人难以计数的改动大多离古本越来越远（《老子古今》）。这无疑属解释学所谓"前理解"之制约作用的显例。在这里，借助于传世文献与考古材料的实证性研究，古本之原貌在一定程度上还是可以恢复，至少是可以隐约窥见的。但即使如此，局部与整体、理解与经验之间的循环依然是无法超越的阈限。

　　至于文本语义层面的理解，同样有显微不等的差别。其微者，如一字一句之说解；其显者，则涉及章节乃至通篇之语义概括。例言之，俞樾《诸子平议》谓今本《老子》十五章"古之善为士者"之"士"当作"上"，盖因形似而误，而朱谦之《老子校释》则据他本以为当作"道"字。虽则一字之差，而释义之取向已有微妙的分歧。又如裘锡圭先生对《庄子·外物》"曾不如早索我于枯鱼之肆"之"索"字（《古代文史研究新探》）及《天下》"建之以常无有"之"常"字的辨析（《说"建之以常无有"》），"索"字训为"求索"还是"穿索而悬挂"，或与《外物》全文乃至庄子大义之理解无涉，但"常"字训"恒"抑或训"极"，则无疑关系到庄子概念系统和思想内涵的确切认识。而把握老庄及先秦诸子的思想，问题的复杂性则又上了一个台阶，因为这已不仅是一个语言层面的问题（尚可借助传世文献、考古材料及当日语言环境的考察加以比较和鉴别）。文献的不足自然已是关山难越，而意义的抽绎和整合，逻辑的分析和归纳，因果的推论和阐释，乃至对作者卷入其中的错综复杂的文化潮流和社会网络的梳理，更让人有治丝益棼之叹。

对此，杨义先生的新著"四子还原"（《老子还原》《庄子还原》《墨子还原》《韩非子还原》）中提出了一些值得思考的尝试。他认为："我们面对诸子，应该做的事情，乃是沟通诸子的时代和我们的时代，深入地进行原创的对话，以对话开拓新的原创。"至于如何实现这种"原创的对话"，他认为关键在于"使这些先驱和朋友真正地在场。在场的要义，在于还原他们的生命状态和生命过程"。具体来说，就是要"对诸子文本作'全息'的研究、考证和阐释。所谓全息，起码应该包括诸子书的完整真实的文本与诸子全程而曲折的生命，以及上古文献、口头传统、原始民俗、考古材料所构成的全时代信息。这一系列信息源之间相互参证、相互对质、相互阐发、相互深化，用以追踪诸子的生存形态、文化心态、问道欲望、述学方式，由此破解诸子篇章的真伪来由、诸子思想的文化基因构成、诸子人生波折在写作上的投影、诸子著作错杂编录的历史过程及具体篇什的编年学定位"（《序言》）。为此，他强调一种生命的介入和激活，认为这是还原诸子本来面目和真正意义的关键所在。

但是，这种以生命的介入和激活为要义的还原确有可能吗？在此，我们遭遇了来自两个不同时代和文化的理论疑难。一个，是西方20世纪以来从"作者之死"到"误读"理论的种种险峭之说，它们把作者与文本的自然联系视为似是而非的常识予以批判和捐弃，认为语言是一个封闭的自我反射的系统，写作便意味着作者的消失，因此，在文本与作者之间无路可通。另一个，则是源于中国古代"言意之辨"的传统语言观念。正如《庄子·天道》中所述"轮扁斫轮"故事，由"得之于手，应之于心，而口不能言"的匠作经验，推及于"君之所读者，古人之糟粕已夫"的书写表意活动，形象地例示了"道不可言，言而非也"的深邃哲理。可以说，对于语言的倚重和怀疑，构成了中国古代最具文化特色的语言观念和语言态度，内含着一种两难之境的辩证认知：从言以足志和言为心声的意义上说，语言是迹近他人内在世界的主要途径；而从"书不尽言，言不尽意"的意义上说，语言又不足以成为完美无缺的途径，特别是在面对惟恍惟惚的道体或体道的直觉经验之时，语言的有限性更是暴露无遗。因此，即使文本复原和语境还原克奏全功，我们的理解能否超越形迹、直凑单微，把握到诸子思想的精深微妙之处，也仍然存在着理论与实践两方面的问题，既涉及具体的研究手段，也自然延伸到语言与实在、语言与心灵、文本与语境、含义与指称、经验与解释等哲学的维度，构成了诸子研究必须穿越的理论关卡。

例如，早在20世纪30年代，吕思勉先生便已经注意到《老子》书中所谓"女权优于男权"的现象（《先秦学术概论》）。

但是，对于以礼乐文明见称的春秋时代来说，简单断之为"母系社会之遗迹"实难令人信从。而为了证实作为太昊之墟的边鄙之地，陈地赖乡的母性崇拜风俗在《老子》中留下的投影，杨著紧扣《老子》文中的"玄牝""谷神""溪""谷""水"等语词和意象，结合陈地赖乡的地理风物和传统习俗力求考实；复将"三十辐共一毂""埏埴以为器"的轮陶譬喻，与"陈"字金文构形和《左传》中关于襄公二十五年虞阏父为周陶正的历史记载相印证，试图将文本、语境及分散的史料联结起来，导出某种更为合理的结论。显然，这一研讨理路较之简单从文本中一些命题出发的推断要更为完备。虽然一般意义上的"母系社会"的构拟已为人类学田野调查结果所质疑（如罗维的《初民社会》），上述推论也还需要坚确的基点和更多中间环节，但是努力打通文本与作者的关系，在文本自身与文本之外追寻语境重建之可能线索，仍不失为一种有益的视点和途径。

　　应该说，一种研究方法是否合理，效用如何，首先取决于这种方法与其研究对象之间的适配性。正如研究诗歌，其方法自有不同于小说之处；研究抒情诗，自然也有不同于叙事诗的概念和理路。值得强调的是，先秦诸子的人格、思想、行为和著述，必有其异于后世的独特质素，否则便很难理解其非凡的历史地位和深远影响；而诸子之所以为独特，不仅在于其导夫先路的思想原创，亦在其人格与文章、思想与言语、言语与行动的高度统一。在他们身上，你看不到人格分裂、心口不一、言行相悖的痕迹，其以求道、行道为己任，不避衣食之忧、颠沛之苦甚至性命之危而安之若素，绝非后世高蹈诡随者可以比伦。而且，对自己的言说之道，他们大多有着高度的自觉和成熟的思考。面对这样的理解对象，所谓"生命的还原"似乎具有了更多的合理性与可行性。

例如，对于"子不闻夫越之流人乎？去国数日，见其所知而喜；去国旬月，见其所尝见于国中者喜；及期年也，见似人者而喜矣。不亦去人滋久，思人滋深乎！夫逃虚空者，藜藋柱乎鼪鼬之径，踉位其空，闻人足音跫然而喜矣，而况乎兄弟亲戚之謦欬其侧乎"（《徐无鬼》）这段文字，杨著分析评论说："这真是至情至性的文字，非亲历者不能为此言。也许庄子的祖辈、父辈长期流亡在异国荒凉虚空的湿地，杂草（藜藋）把野物（鼪鼬）的小径都遮蔽了，却听不到故乡人的脚步声、咳嗽声、谈笑声，其内心之苦，真个难以名状。"认为其中沉淀着庄子去楚亡宋的家族记忆，是其身世、心态的自然流露。尽管我们无法确定庄子是否真为楚国贵族后裔，甚至无法确定《徐无鬼》是否是出自庄子本人之手笔，但仍必须承认，这段文字的确异常细腻地传达出一种非避世既久不能有之的心理体验。至于遍布庄文的鸟兽草木意象，鲲鹏南飞情景，鼓盆而歌之举，千金相聘之事，河海对话寓言，流人思乡经验，以及隐约可见的怀楚之情、鄙宋之意，等等，可能确实隐藏着有关作者身世、族属、里籍乃至人生经历的丰富信息。而敏锐地捕捉这些信息，则很可能成为突破文献不足、语境缺失之先天局限的一条重要途径。

准此而观之，诸子文本当非思想的残骸，而是内含生机、有待激活的生命印迹。伽达默尔认为："文学对每个时代而言都是当代的。"（《真理与方法》）又云："艺术最直接地对我们说话，它同我们有一种神秘的亲近，能够把握我们整个的存在。"（《哲学解释学》）移之以论诸子，虽不中盖亦不远。罗兰·巴尔特在比较语言和文体（风格）时指出："语言是由传统和习惯组成的，它对于一个时代的所有作家都是共通的。……能够穿透它的只是全部统一地以某种自然的方式存在的整个历史。"然而"文体却不是如此，某些形象、某种叙述方式以及所采用的词汇都是出自作家本人及其过去，而逐渐变成他的艺术的自动作用。这样，在文体的名义下，形成了一种自给自足的语言，它仅仅潜入作者个人隐秘的神话之中，潜入言语的这种亚躯体中，构成了字词和事物的第一对组合，并且一劳永逸地建立起这种语言的基本词干"。文体"是'气质'的蜕变。……深深地潜伏在文体之下、生硬地或灵活聚合在文体辞格中的却是与语言绝对相异的现实片段"。他断言说："文体的威严，也就是语言及其对肉躯的复制之间的绝对自由的联系，正是它迫使作家像一股清新之气超逸于历史之上。"（《写作的零度》）移之以论诸子，盖亦庶几近之。

尽管语词被称为"思维的胶囊"而与个体的经验无关（萨丕尔《语言论》），"私人语言"也被断为自相矛盾、无法成立的伪命题（维特根斯坦《哲学研究》），然而文体却执拗地指向个人的历史和经验，成为一个不可重复的生命个体的醒目标志。优秀的文学作品如此,诸子之文章又何尝不是如此呢?而诸子之所以为独特,既在于面目各异的文体特色,亦在于机杼独出的概念、命题与思想。既然如此,解读诸子,就应该将诸子之文与诸子之人紧密地结合起来,从文本的还原到语义的疏解,从语境的重建到思想的分析,既措之以严谨周密的实证之功,又加之以明敏灵动的生命参验,使我们对诸子的研究和理解在视点互补与方法兼综中不断向宏博精深之境前进。

(合作者:沈立岩)